Karlheinz Deschner

Auf hohlen Köpfen ist gut trommeln

Alte und neue Aphorismen –
eine Auswahl letzter Hand

Herausgegeben von Gabriele Röwer

Lenos Verlag

Die Herausgeberin

Gabriele Röwer (geb. 1944) war nach dem Studium (Evangelische Theologie – Konsequenz: Kirchenaustritt 1965 –, Philosophie, Germanistik und Psychologie) pädagogisch und therapeutisch tätig. Zusammen mit Karlheinz Deschner gründete sie 1996 die Robert-Mächler-Stiftung. Er beauftragte seine langjährige Mitarbeiterin mit der Herausgabe der von ihm vorbereiteten Aphorismenauswahl im Falle seines Todes. Gabriele Röwer lebt in Mainz.

Erste Auflage 2017

Umschlag, Satz und Gestaltung: Lenos Verlag, Basel
Porträtfoto Seite 2: Paul Swiridoff
Printed in Germany
ISBN 978 3 85787 474 1

www.lenos.ch

Inhalt

Geist und Kunst

Ein Aphorismus ist der Versuch, schon den Ton als Konzert auszugeben.

Aphorismus: ein Handstreich mit dem Kopf.

Der Aphorist mag aus der Not Tugend machen, der Systematiker übt Notzucht.

Ein Aphorismus lebt zwar oft aus dem Grund einer langen Erfahrung, die aber eine ganz andere, gegenteilige gern ignoriert.

Was nicht paradox ist, ist ungenau.

Zu den schönsten Aphorismen zähle ich meine schönsten Aphorismen und alle, die ich selbst gern geschrieben hätte.

Lesenswerter als alle Offenbarungen: Lichtenbergs Sudelbücher.

Ein Kopf denkt nie allein.

Gesichter – Aphorismen ohne Worte.

*

Aufklärung ist Ärgernis; wer die Welt erhellt, macht ihren Dreck deutlicher.

Je grösser die Hellsicht, desto tiefer die Nacht.

Geist ist nicht mehrheitsfähig.

Denken überzeugt Denkende; darum überzeugt Denken selten.

Widerstand ist das Prinzip des Geistes. Wer denkt, verweigert sich.

Wer anders denkt als seine Zeit, muss nicht von gestern sein; wer denkt wie sie, ist es.

Wer ethisch denkt, wird immer radikaler denken müssen.

*

Der Mensch ist nicht nur, was er denkt, er denkt auch, was er ist.

Es hilft wenig, uns Gedanken zu machen, machen die Gedanken nichts aus uns.

Alles ist schon tausendmal gedacht worden – und dabei blieb es dann auch.

Das Empfundene denken und das Gedachte empfinden ist gar nicht so leicht.

Mancher denkt mehr, als er begreift; mancher begreift mehr, als er denkt. Augenblicke, in denen man gar nichts denkt, können tiefer sein als die tiefsten Gedanken.

Gedanken haben etwas Ungelebtes, Kompensatorisches. Gedanken sind verkopftes Gefühl.

Zynismus – geistreich sein ohne Barmherzigkeit.

Geist wärmt nicht. Doch die Welt zu erwärmen ist wichtiger noch, als sie zu erleuchten.

Ein Mensch ist wichtiger als seine Meinung.

Je schärfer der Verstand, desto verständnisloser oft.

*

Gelehrte hören gewöhnlich bloss ihresgleichen. Nur ein grosser Aussenseiter, Lichtenberg, hörte »immer lieber einen Papagei sprechen als einen Professor«.

Wann ein Professor imponiert? Wenn ihn höchster Tadel trifft: Kant; wenn er wieder geht: Nietzsche; wenn er gar keiner wird: Schopenhauer.

Einstein spricht einmal von jenem öden Spezialistentum, das mit Hornbrille und Dünkel die Poesie zerstört.

Kenntnisse haben heisst noch nicht, denken zu können.

*

Den grössten Erziehungsfehler nennt Gotthold Ephraim Lessing, »dass man die Jugend nicht zum eigenen Nachdenken gewöhnet ...«. Das ist kein Fehler. Das ist Absicht.

Hegel: »Die Erziehung hat den Zweck, den Menschen zu einem selbständigen Wesen zu machen; d. h. zu einem Wesen von freiem Willen.« Im Gegenteil: zum Staats-, zum Kirchenkrüppel, zur funktionierenden Marionette.

Schon in der Antike erkennt Petronius: Unsere jungen Leute werden in den Schulen ganz und gar verdummt. Ist jede öffentliche Erziehung doch ein Politikum, das heisst in aller Regel: die Individualität aus-, die Norm eintreiben.

Erziehung: einen Kopf drehn, bis er verdreht ist – natürlich auf den neuesten Stand.

Lernt man in unseren Schulen nicht auch deshalb so vieles, was man nicht brauchen kann, um so vieles nicht zu lernen, was man brauchen könnte?

Wo steckt denn im »Lehrkörper« die Seele?

Ein Lehrer mit Lehrbefähigung ist eine Doppelbegabung.

*

Man meint heute zu wissen, wie die Welt entstanden ist. Aber wissen wir, was man darüber in fünfhundert Jahren lehrt? Oder schon in fünfzig, wenn sie dann noch besteht?

Die Grenze unseres Denkens setzt unser Hirn.

»Die Realität ist eine Illusion«, sagt Einstein. Und die Illusion? Eine Realität.

Das, was wir Erkenntnis nennen, ist nur ein Aufblitzen in ewiger Nacht.

»… der gestirnte Himmel über mir …« – Doch ist das Erschrecken Pascals über »das ewige Schweigen dieser unendlichen Räume« nicht plausibler?

*

Fasst man wirklich Hegels Erkenntnis: was wirklich ist, ist vernünftig? Oder Pascals Befund: Gerechtigkeit ist, was besteht? Und Pascal war immerhin ein Genie.

Wer schöne Aussichten braucht, darf keine tiefen Einsichten haben.

Ein Teil der Schönheit der Welt bestand schon stets darin, sie schön finden zu wollen.

Zur Korrektur Hegels: Je vernünftiger man die Welt anschaut, desto unvernünftiger schaut sie zurück.

Diese Welt schaut aus, dass man ihr keine Stunde voll ins Gesicht sehen kann, ohne verrückt zu werden.

Jede Form des Absurden ist dieser Zeit auf den Leib geschneidert.

Wer denkt, ohne schwindlig zu werden, hat nicht gedacht.

Wie Ruhe finden in einer rundum fragwürdigen Welt?

*

Sobald das Denken beginnt, beginnen die Irrwege ohne Ende.

Philosophiegeschichte ist die Geschichte von den Notlügen der Philosophen.

Ein gewisses Mass an Philosophie ist nötig, um zu wissen, dass man auf Philosophie verzichten kann.

Philosophieren heisst Einsicht gewinnen ins Aussichtslose.

Weisheit? Resignation; feiler Konformismus. Das blosse Sichabfinden mit dem, was ist. Die Bejahung von allem trotz allem. Ich hasse Weisheit.

Philosophen ohne jede Trauer können nur eine begrenzte Erkenntnis haben.

*

Mehr wissen heisst trauriger sein.

Wenn Glück, nach Spengler, Gegenwart ohne Denken ist, kann Denken nur auf Unglück hinauslaufen.

Gibt es ein vernichtenderes Verdikt über Bildung als das Goethes (vom 1. 2. 1808): »Nur die ungebildete Seite an uns ist es, von der her wir glücklich sind«?

Ohne Gedanken wäre der Mensch einsam? Ist er's mit ihnen oft nicht erst recht?

Wer leidet, denkt mehr; wer denkt, leidet mehr.

Ciorans Gesicht – massgeschneiderte Gedanken.

Erst in der Not beginnt die Erkenntnis des Wesentlichen.

Erkenntnisse mehren oft unsere Unruhe, das Erkennen beruhigt.

Fragen, die unbeantwortbar sind, gehören zu den wichtigsten.

*

Skepsis. In der Philosophie Anfang und Ende. Im Leben ein Dauerspielverderber.

Wer Skepsis hasst, hat Grund, die Wahrheit zu fürchten.

Skepsis – Stimulans des Intellektuellen. Und sein Stigma. Jede Antwort auf einen Zweifel erfordert neuen Zweifel.

Alles tiefe Denken entspringt dem Zweifel und endet darin.

Denken heisst in Zweifeln sterben.

*

Grosse Kunst – immer auch die Eroberung einer Terra incognita; immer auch eine Gegenwelt, Protest gegen das, was ist, Beschwörung dessen, was sein könnte. Der grosse Künstler schafft nicht, um zu gefallen, sondern um zu sein.

Wahrheit ist die Kunst nur insofern, als sie der höchste Ausdruck der Sehnsucht ist, dessen wir fähig sind.

Die Kunst der Kunst ist es, das gesamte Jenseits von ihr vergessen zu lassen.

*

Kultur ist nur der dünne Firnis auf der Fratze unsrer Barbarei.

Ist Kunst nicht auch eine Täuschung Feinsinniger durch Feinsinnige? Etwas für schöngeistige Beiseiteseher? Eine Art Opium für Anspruchsvolle?

Literatur: oft weniger, wie Strindberg höhnt, gedruckter Unsinn als Unsozialität, der mediengeile Literatentanz, indes Millionen Leben elend untergehn.

Heute hörte ich zum erstenmal das Wort: Kultur-Motor. Ähnlich scheusslich: Denkfabrik. Denken am Fliessband. Gleichgeschaltet.

*

Die Kunst soll nicht volksnah, das Volk soll kunstnah sein.

Mit einer Partei lässt sich Staat machen, kein Stil.

Ein Kunstwerk darf nicht politisch wirken wollen, wenn es politisch wirken soll.

Kunst ist, was übrigbleibt, ohne zu altern.

Kunst spart aus; Kitsch verstopft die Seele.

*

In Museen vermisse ich manchmal den Pranger – nicht für den Schöpfer der Exponate.

Er malte nicht Gedanken, er malte denkend. »Unter den Künstlern, die nach der Natur arbeiten«, schrieb Gauguin ihm 1890, »sind Sie der einzige, der denkt.« Ein einziger Artikel galt ihm zu seinen Lebzeiten. Und ein einziges Bild von ihm wurde zu seinen Lebzeiten gekauft. Wer könnte ihm begegnen, ohne dass der Glaube an die Menschheit in ihm zerbricht!

Die Niederlagen des Genies sind seine Zeitgenossen.

Niemand ist stolzer auf ein Genie als die Nachkommen derer, die es kaputtgehen liessen.

Ein Mäzen bezahlt nicht, er belohnt.

Wer schreibt schon nebenbei! Die Frage ist, ob er nebenbei leben kann.

*

Ironie ist die Waffe der Waffenlosen.

Ironie – Wetterleuchten der Schwermut.

Ironie ist unglückliche Liebe zum Leben. Der Versuch des Kopfes, sich des Herzens zu erwehren.

Man sagt manchmal manches schärfer, als man denkt, aber denkt noch öfter manches schärfer, als man es sagt.

Besser ein kratzbürstiger Stil als einer, der nach Parfüm stinkt.

Polemik ist, was zuviel aufdeckt.

Die Vernunft nannte Kant mehr polemisch als dogmatisch. Heute ist Polemik fast zu einem Schimpfwort verkommen; am meisten geschmäht von jenen, die sonst immer und überall streiten lassen, vom Gerichtssaal bis zum Schlachtfeld.

Wer beleidigt, braucht nicht unrecht zu haben; es gibt Köpfe, denen man erst Verstand liefern müsste, um sie überzeugen zu können.

Je mehr Feinde ein Schriftsteller hat, desto notwendiger ist er gewöhnlich.

Wer totschweigt, erspart sich den Rufmord.

*

Die Sprache trennt die Spreu vom Weizen.

Erst die Form macht das Material zu mehr, als es ist.

Den Stil verbessern heisst nicht nur den Gedanken verbessern, sondern sich selbst.

Aussergewöhnliches muss ein Schriftsteller nicht schildern, aber Gewöhnliches aussergewöhnlich.

Um jeden Preis originell sein wollen ist der sicherste Weg, es nicht zu sein.

Wenn der Subtile nicht zugleich einfach ist und der Einfache nicht zugleich subtil, fehlt etwas Wesentliches.

Nimm dir Zeit beim Schreiben, sonst nimmt die Zeit dir, was du geschrieben hast.

Schriftsteller ist, wer sich kürzer fasst als andre und länger dazu braucht.

Je kürzer, desto mühevoller. Nur wer nichts zu sagen hat, nimmt das Maul voll.

Deutsch ist nicht nur eine schwere, sondern auch eine schöne Sprache, besonders in den Steigerungsformen, zum Beispiel: keine, keiner, am keinsten. Quatsch!? Aber in keinster Weise!

*

Morgenstern, der bedauert, dass Dichter nicht, wie Komponisten, ihren Werken Tempi vorgeben können, übersieht, dass jeder gute Text sein Tempo selbst diktiert.

Dichtung – Gedankenmusik.

*

Optimismus – fürs Leben gut, schlecht für den Stil.

Dichten heisst auch sich verkriechen, herauseitern, verbluten und sterben wie ein krankes Tier.

Jede Kunst vermittelt Trost, besonders die trostlose – den Trost der Wahrhaftigkeit.

Gut schreiben heisst auch, dachte ich, während ich Hemingway las, konzentriert nicht lügen. Freilich: »Die Dichter lügen zuviel«, sagt Nietzsche. Und schon Aristoteles und Pseudo-Platon führen es als altes Sprichwort an: *polla pseudontai aoidoi.*

Grosse Bücher sind auch Verlustanzeigen – sie enthalten das Leben ihres Autors.

»Lebenswerk« – wieviel Tod steckt darin.

Dichten heisst Lebendiges vor seinem Tod bewahren.

Die Zeit hat nicht die Luft mehr, in der Dichter leben können. Sie sterben aus.

Die Formel wird uns sprachlos machen.

Heute kann man sich das Volk der Dichter und Denker nur noch als ein Gerücht vorstellen.

*

Lesen hat einen grossen Nachteil: man vergisst sich selbst. Und einen grossen Vorteil: denselben.

Das Schlimmste, was einem Schriftsteller passieren kann: dass seine Bücher keinem gefallen; das Nächstschlimmste – aber das ist fast ebenso schlimm: dass sie allen gefallen.

Man merkt Büchern an, ob sie gemacht werden wollten oder gemacht werden mussten.

Kunst, die nach Brot geht, schmeckt oft danach.

Am häufigsten wird das Publikum von literarischen Platzpatronen getroffen – und oft mitten ins Herz.

Die Leistung wächst, wenn man die Ansprüche senkt.

Man gewinnt nicht an Grösse, wenn man sich breiter macht.

Am Literatenhimmel schwirren Zaunkönige, die sich für Adler halten.

Es gibt Poeten, die sich selbst auf Händen tragen: unterwegs zu Sternen und beflügelt wie ein Mastschwein.

Aus den Mysterien der Wälder machen wir Papier, um darauf unsere Plattheit zu verewigen.

*

Das Schlimmste an der schlechten Literatur ist nicht sie, sondern ihre Kritik.

Wer mit sich weniger streng ist als mit andern, hat kein Recht, mit andern streng zu sein.

Gegenüber dem Kritiker schwingt sich der Dichter gern aufs hohe Ross – zumal wenn er nicht reiten kann.

Besteht ein Werk nicht vor dem Kritiker, bestand vielleicht nur dieser nicht vor dem Werk.

Was missfällt, muss nicht missraten sein.

Liest man nicht allemal lieber einen Autor, der sich mit viel Talent irrt, als einen, der talentlos um die Wahrheit ringt?

Auch im Garten des Genies wächst Zwergobst.

Paul Heyse, Heinrich Böll, Günter Grass: kein Funken Genie. Aber Nobelpreis! Georg Trakl, Rainer Maria Rilke, Franz Kafka, Bert Brecht, Gottfried Benn, Robert Musil, Hans Henny Jahnn: Genie um Genie. Aber Nobelpreis?

*

Erfolg: Rampenlicht statt Ruhm, das Stigma der Unberühmten.

Der Geist ist einsam; »Prominenz« breitet sich in der Talkshow aus.

Je mehr einer in seiner Zeit aufgeht, desto weniger bleibt von ihm übrig.

Seichte Flüsse sind meist lauter.

Die Krone beginnt bei der Wurzel.

*

Wie bedeutsam immer auch etwas ist, es bleibt nicht bedeutend. Grund genug, den Ehrgeiz zu zügeln.

Bibliotheken – die Biotope der Verstaubten.

Berühmte sind Leute, die man etwas später vergisst.

Glaubte Goethe wirklich, es werde die Spur von seinen Erdentagen nicht in Äonen untergehn? Glaubte er gar: Und keine Zeit / und keine Macht zerstückelt / Geprägte Form, / die lebend sich entwickelt?

… doch selbst der Ruhm – ein stilles Schiff, das einmal ohne Passagier die Zeit durchzieht.

Mensch und Leben

Mensch – das einzige Haustier, das noch ungezähmt ist.

Seit der Mensch aufrecht geht, kriecht er mehr als je zuvor.

Der Mensch, fordert Kant, müsse seine Tierheit disziplinieren. Ach, nein, sein Menschsein.

Moral resultiert nicht aus der Natur des Menschen, viel eher aus ihrem Gegenteil.

*

Leben – Vernichtungsschläge. Und Pyrrhussiege. Am schönsten füllt das Leben eine Lebenslüge aus.

Einziges Mittel, das Leben zu ertragen: sich möglichst selten vorzustellen, wie es wirklich ist.

»Ein bisschen gesunder Menschenverstand, ein bisschen Toleranz, ein bisschen Humor – wie behaglich es sich dann auf diesem Planeten leben lässt.« Vorausgesetzt, Mr. Maugham, es kommt noch ein bisschen Gesundheit dazu, ein bisschen Liebe, ein bisschen Geld und noch so ein bisschen von diesem und jenem.

Ist das Leben ein Geschenk? Zum Beispiel für ein Kind, das verhungern, für einen, der lebenslang im Kerker sterben muss? Für das Tier, das wir vivisezieren? Selektiv gesehen lässt sich dieser Welt viel abgewinnen, die als Ganzes eine Katastrophe ist.

Lichtenberg und Schopenhauer raten, Trost zu finden im Leid derer, die noch unglücklicher sind als wir – was trostlos schon machen kann, bevor man Trost überhaupt braucht.

*

Solange man nicht in jedem Leidenden, Mensch oder Tier, sich selber sieht, hat man noch nichts begriffen. »Wissen«, schrieb van Gogh am 3. April 1878 in Amsterdam, »dass wir sind, was andre sind, und dass andre sind, was wir sind, und dass es gut ist, einander zu lieben.«

Unglücklicher als alle: wen fremdes Leid mehr trifft als eigenes, denn fremdes Leid ist immer.

Tun ist oft antun, Nichtstun ist es immer.

Auch wer zuwenig hilft – und das tun wir alle –, tötet.

*

Nichts ist verheuchelter als ein rundum gutes Gewissen.

Kein Umgang kann heilsamer sein, kaum einer gefährlicher als der mit uns selbst.

Wer ohne Schrecken sich selbst betrachten kann, ist auf beiden Augen blind.

Man wird kaum älter, ohne trauriger zu werden, wenn man ein Gewissen hat.

Reue: die sublimste Rache der Vergangenheit.

Jean Paul: »Die Erinnerung ist das einzige Paradies, woraus wir nicht vertrieben werden können.« Und die einzige Hölle.

Vergessen ist eine Art Heilschlaf.

*

Wer sich nur mit sich selbst beschäftigt, ist ebenso verloren wie wer dies nie tut. Und beides kommt öfter vor, als man denkt.

Je häufiger bei anderen, desto weniger bei sich.

Je ärmer im Geiste, desto geselliger.

Nirgends ist man mehr zu Hause als in sich. Und nirgends ist man so einsam.

Das Unglück des Einsamen: er kann nicht allein sein ohne die anderen.

Einsam. Nie warten, nie erwartet werden.

*

Wer sich selbst nicht erträgt, kann weder andere ertragen noch anderen erträglich sein.

Eifersucht – ein guter Boden für Gespenster.

Ich möchte nicht alles verstehen – schon um nicht alles verzeihen zu müssen.

Ob bei manchen die Angst, ganz verstanden zu werden, nicht grösser ist als die vor jedem Missverständnis?

*

Irgendwo dazugehören wollen ist unser ältester und schönster Wunsch; auch wenn man oft ein Leben braucht, um zu erkennen, dass man nirgendwo dazugehört.

Liebe ist die Willenskraft der Träumer.

Liebe: an jemand denken, ohne nachzudenken.

Wer liebt, vergleicht nicht mehr.

Jeder Liebende hat etwas von einem blinden Seher an sich.

Zur Liebe wie zur Musik gehören die Pausen.

In der Sehnsucht liegt immer etwas von Frühling, auch wenn er nie kommt.

Treue? Phantasielosigkeit. Untreue? Dasselbe.

Wer in der Liebe Wunder erwartet, vergisst, dass er das grösste schon hat.

Lust hat hundert Beine, Liebe Flügel.

Ich wüsste gern, ob alle Liebe zur Wahrheit je so viele Wunder schafft wie eine einzige wahre Liebe.

Ohne Liebe kann man leben, doch nicht gelebt haben.

Es gibt kaum Menschen, sagt La Rochefoucauld, die sich nicht schämen, einander geliebt zu haben, wenn sie einander nicht mehr lieben. Diese Erfahrung habe ich nie gemacht.

Heimat ist nicht dort, wo man wohnt, sondern wo man liebt und geliebt wird.

Je tiefer du liebst, desto grösser dein Leid.

Wer nicht gelitten hat, hat nicht gelebt.

*

Das Kind weiss noch nicht recht, wer es ist, der Greis schon nicht mehr so ganz, wer er war. Und dazwischen hat man kaum Zeit, über sich nachzudenken.

Sind, nach Brecht, in einem Ding schon viele Dinge, wie viele Menschen erst in einem Menschen!

Welche Übertreibung: Ich! Adorno nennt es die Unverschämtheit vieler. Doch ist's nicht eine Übertreibung aller? Die Megalomanie schlechthin? Ist nicht selbst der bedeutendste Geist eine transitorische Grösse? Anonym wie ein Windstoss, der kommt und vergeht?

*

Unser Leben? Ein Marionettentheater. Erst wenn das Spiel aus ist, fallen die Stricke.

Kein Mensch ist freier als ein Kettenhund – nur die Kette ist länger.

Willensfreiheit – tun, was man nicht lassen kann; die Wahl, zu atmen oder zu ersticken.

Man tut nie, was man will, sondern was man muss. Wollen ist ein Euphemismus für müssen.

Cicero, wie sehr er irrt, nennt er die Gedanken frei!

Wo beweist Kant, dass die Unmündigkeit des Menschen, das Unvermögen, sich seines Verstandes ohne Leitung eines andern zu bedienen, »selbstverschuldet« ist?

Auch wer will, wird nur gewollt.

Frei ist, wer von nichts und niemand abhängt: keiner.

In keinem Moment unserer Existenz sind wir frei. Aus dem Kerker unseres Mutterleibs werden wir in tausend Verstrickungen hineingeboren.

Wir schreiben den Roman unseres Lebens nicht allein; oft schreiben ihn die andern mehr als wir selbst.

Indem man sich bisweilen frei fühlt, frei von dem oder jenem, frei für dies oder das, ist man durch tausend Dinge bedingt, die zwar nicht das Gefühl der Freiheit verhindern – aber die Freiheit.

Wenn auf den Tod sinnen, nach Michel de Montaigne, auf Freiheit sinnen heisst, was war dann vor dem Tod?

Man hat ja nicht einmal die Freiheit, sein Leben wegzuwerfen; denn tut man's – wieviel Zwänge stehen dahinter.

*

Auch stetes Zaudern fordert Entschlusskraft.

Wer gar nichts riskiert, riskiert alles.

Auch ein Zuviel an Geradlinigkeit kann verbiegen.

Allem Grundsätzlichen fehlt es an Leben.

Bedenke, wenn du im Recht bist: der andere muss nicht im Unrecht sein.

*

Besondere Tage: JEDER.

Wer besonders nachdrücklich die Zukunft beschwört, will uns oft nur um die Gegenwart bringen.

Heute ist dein Leben. Erwarte nichts, sagt Tucholsky. Aber was hilfts, wenn ich nichts erwarte, doch allerlei mich?!

Am häufigsten versäumt man das Leben beim Warten darauf.

Mancher zieht an sich vorbei wie der Fluss an seinen Ufern.

Ein Leben kann man nur dadurch verlängern, dass man es lebt.

Eine der häufigsten Krankheiten und schlimmsten, an denen man stirbt, ist ein Leben, das man nicht gelebt hat.

Zeit ist Geld, das glaubt nur, wer aus seiner Zeit nichts Besseres zu machen weiss. Geld ist oft bloss Zeitverschwendung.

Bedenkt man, was der Mensch tut, um sein Leben zu retten, könnte man verzweifeln beim Gedanken daran, wie er es verbringt.

*

Das Leben ist eine Anstrengung, die einer besseren Sache würdig wäre, schrieb Karl Kraus. Aber ist es nicht auch eine gute Sache, die mehr Anstrengung verdiente?

Man kann die Welt nicht verändern. Doch nichts, was deshalb geschieht, geschieht umsonst.

Ohne jene, die die Welt verbessern wollten, doch nicht konnten, wäre die Welt noch schlechter.

Der einzige Sinn, den das Leben für uns hat, den es sicher hat, ist der, den wir ihm geben.

An Jean Anouilh. Man braucht nicht zu wissen, wofür man stirbt, wenn man weiss, wofür man gelebt hat.

*

Die wirkliche Jugend, das, was jung bleibt, ist nur selten bei der Jugend.

Schönste Lebenskunst, schwerste: altern ohne alt zu sein.

Jung ist man bis zum Hochverrat an den Idealen der Jugend. Alt ist, wer sich selber nicht mehr überraschen kann.

Wo nicht etwas Verrücktheit im Spiel ist und grosse Trauer, taugt das Leben nicht viel.

*

Einer der ganz wenigen Vorzüge des Alters, soweit ich sehe: dass man sich nicht mehr so gescheit vorkommt.

Das Alter nimmt dir nichts, behauptet Rückert, was es dir nicht erstattet. Tatsächlich nimmt es fast alles und erstattet nichts.

Das Alter ist kein Problem: eine Katastrophe.

Die häufigste Alterskrankheit: Verlust des Gleichgewichts, körperlich und geistig.

Es ist nicht so schwer, dem Ansturm des Lebens, aber schwer, seinem Rückzug zu widerstehn.

In einer Hinsicht ist das Alter sogar schlimmer als der Krieg – er bietet wenigstens noch eine Überlebenschance.

*

Wie schmilzt unser Leben zusammen, wenn wir bedenken: nur was wir erinnern, macht unser Leben aus.

Nichts mehr vorhaben – das Schlimmste, was man noch vorhaben kann.

Gehört nicht zum Schlimmsten im Alter, dass man aufhört zu wünschen?

Im Alter schmerzt auch das Glück.

Was nützt alles Glück ohne die Fähigkeit, sich zu freuen?

Wo keine Leidenschaft, da auch keine Schaffenskraft.

Schläft die Lust ein, erwacht die Melancholie.

Ob schwerer stirbt, wer noch liebt? Oder wer längst aufgehört hat zu lieben?

*

Wächst weniger unsere Toleranz im Alter als unsere Ohnmacht und Gleichgültigkeit?

Am Ende ist, wen nichts mehr neugierig macht. – Die Stimme wird leiser im Alter, das Gedächtnis verlässt uns, die Ohren ertauben, man hört weniger hin, weniger zu, hört nicht einmal sonderlich in sich hinein, kurz, man übt das Verstummen vor dem Verstummen.

Wenn das Leben nicht so müde machte, stürben wir noch schwerer.

Das Leben wird immer schöner, sagte Stifter, je länger man lebt – und brachte sich um.

Nichts Schöneres, sagte sie, unter der Sonne, als unter der Sonne zu sein, und floh ins Reich der ewigen Schatten.

*

Curriculum vitae – erleben, erinnern, vergessen, vergessenwerden.

Wenn das Leben beginnt, hätte man Grund genug zur Angst, hat aber keine; wenn es endet, hat man Angst genug, aber keinen Grund.

Unsterblich ist der Mensch nur insofern, als etwas von ihm in anderen weiterlebt.

Kinder sind zukünftige Gräber.

*

Alt sterben will keiner, jung sterben auch nicht. Und im besten Alter?

Atmen beweist mehr als alle Philosophie.

Dass der freie Atem das höchste Gut war, das man auf Erden hatte, weiss man erst, wenn er ausbleibt.

Setzt nicht insgeheim der Todeskampf schon ein, ist man sich seiner Unausweichlichkeit zutiefst bewusst geworden?

*

Eines haben uns die Toten voraus, und vielleicht ist es das grösstmögliche Glück überhaupt – das Glück, nicht mehr sterben zu müssen.

Alle Toten sterben zweimal, mit dem Tod der Überlebenden.

Tote sterben, wenn man sie vergisst. Wer seinen Toten nicht treu ist, verrät auch die Lebenden.

Wir wollen nicht vergessen werden. Aber warum?

*

Ungezählte verkünden, wozu wir geboren sind. Doch in Wirklichkeit weiss keiner wozu.

Dass jeder, der einmal nichts war und einmal nichts sein wird, dazwischen etwas gewesen sein soll, klingt wie ein Märchen. Es war einmal.

Mag es auch tausendmal unbegreiflicher sein zu sein als einmal nicht, als nie mehr zu sein – gerade dies ist schwerer zu fassen als alles.

Sind wir denn mehr als Fragen, auf die es keine Antwort gibt?

Kommen wir nur deshalb zu Bewusstsein, um dann keines mehr zu haben? Es steckt wenig Sinn dahinter, doch es ist, wie es ist.

*

Totsein – anonymste Art, vor sich hinzuleben.

Ob von Flammen zerfressen, von Würmern, jeder ist Teil eines Fortsetzungsromans ohne Ende.

Könnten wir uns im Grab liegen sehen, immer unerkennbarer, wäre unsere Überraschung wohl grösser als angesichts jeder anderen Überraschung im Leben.

Ob Grabschriften weniger lögen, schriebe sie jeder selbst?

Die einzige Spur von Wahrheit auf einem Grabstein ist die Verwitterung.

Wenn man lang genug wartet, zeigt jeder Mensch einmal Rückgrat.

Geschichte und Politik

Das Wesen der Geschichte ist nicht Wandlung. Das Wesen der Geschichte ist Repetition. SEMPER IDEM!

Wer prophezeien will, braucht nur zurückzuschauen.

Alle Erfahrung hat uns gelehrt, dass die Geschichte sich wiederholt, dass Macht zur Gewalt führt, Gewalt zur Unterdrückung und Unterdrückung zum Untergang.

Geschichte – das ewige Hinundher zwischen Furor und Farce.

Alle Geschichte ist apokalyptisch.

Sich der Geschichte nicht schämen heisst Teil ihrer Schande sein.

*

Curriculum historiae. Einige ruinieren, die meisten werden ruiniert, zusammen stürzt alles, versinkt – der Weg der Geschlechter, der Weg der Geschichte, der grosse Triumphzug des Elends und der Lüge durch die Epochen, am schönsten gespiegelt, am edelsten, von der Heiligen-, der Heldenlegende. Und von der Historiographie.

»Alles«, sagt John Locke, »was man von der Geschichte sagt, kommt aufs Schlachten und Morden hinaus.« Und was man nicht von ihr sagt, erst recht.

Geschichte, das war und bleibt die Macht von Minderheiten über die Massen, ein Destillat aus Leichen und Lügen – ein dreckiges Stück, das die Geschichtsschreiber ins reine schreiben.

Wenig wird so oft verwechselt wie die Geschichte und die Geschichtsschreibung.

Man soll die Geschichtsschreibung lesen wie die Evangelisten: sie verdienen dasselbe Vertrauen.

Historiker-Methode: den Zusammenhang aus den Einzelheiten reissen.

Weil die Geschichte keine Moral kennt, müsste sie die Geschichtsschreibung haben, die sie aber doppelt und dreifach nicht hat.

Wer Weltgeschichte nicht als Kriminalgeschichte schreibt, ist ihr Komplize.

Spuren kleiner Verbrecher verfolgen Polizisten und Hunde; um die der grossen dienern die Historiker.

Es ist die Geschichtsschreibung, die die grossen Verbrechen salonfähig macht. Und die grossen Verbrecher berühmt.

Historiker: einer, der die Geschichte »stylt«, bis sie nicht mehr wie ein Schlachtfeld aussieht, sondern fast wie die reine Vernunft.

Die meisten Historiker breiten den Dreck der Vergangenheit aus, als wäre er der Humus für zukünftige Paradiese.

Als Junge schätzte ich Julius Langbehn. Er feierte die Geschichtsschreiber eines Volkes als »die Apostel seines Heldentums«. Heute ist für mich die Geschichtsschreibung schmutziger noch als die Geschichte. Denn die Geschichtsschreiber schreiben die Geschichte nicht nur, sie machen sie auch. Hellsichtig nannte Nietzsche die grossen Kriege der Gegenwart die Wirkungen des historischen Studiums.

*

Skeptisch an jeder Sternstunde stimmt die Nacht darum.

Ob das Zeitalter der Humanität nicht das Zeitalter der Heuchelei heissen müsste? Zumindest hat keine Zeit so viele Opfer gefordert.

Ernst Jünger: »Heiliger noch als das Leben muss uns die Würde des Menschen sein.« So ruft man stets, tritt man Menschen mit Füssen. Und tot.

Unsere ganze Bildung, klagt Tolstoi, ruht auf den Leichen zertretener Menschen. – Und unsre Politik? Unsre Wirtschaft? Unsre Religion? Alles …!

Es gibt Epochen, da krümmen sich ganze Völker in der Hand ihrer Herren wie die Maus in den Krallen der Katze. Diese Epochen heissen gewöhnlich die grossen.

Es ist viel anonymisches Blut vergossen worden, schreibt Lichtenberg. Aber Historiker schreiben und beschreiben vor allem dies selten.

Was hat denn das historische Gespreiz einer sogenannten Forschung mit all den namenlosen Opfern der von ihr gefeierten Geschichtsbanditen zu tun! Was ist denn die überlieferte Geschichte neben der erlittenen?

Warum dringt aus den Büchern über die Geschichte so selten der Schrei derer, die darin zugrunde gehen?

Was Schopenhauer von der Philosophie sagt – »Eine Philosophie, in der man zwischen den Seiten nicht die Tränen, das Heulen und Zähneklappern und das furchtbare Getöse des gegenseitigen allgemeinen Mordens hört, ist keine Philosophie« –, gilt es nicht hundertmal mehr von der Geschichtsschreibung?

Eigentlich sollte man die Historie nur noch satirisch oder parodistisch behandeln, wie denn schon Schopenhauer als den angemessenen Stil für die Geschichtsschreibung den ironischen empfiehlt.

*

Das Raubtier im Menschen macht Fortschritte als Verkleidungskünstler.

Die Grausamkeit der Menschen ist geblieben, die Katastrophen sind immer grösser geworden. Je deutlicher aber wir uns machen, woher wir kommen, desto deutlicher sehen wir, wohin wir gehen.

Ob auch die Zeit der Atomkriege einmal als gute alte Zeit gelten wird?

»Der Mensch ist ein wildes Tier, das sich selbst gezähmt hat«, sagt Pierre Reverdy, der französische Dichter – und hat zwei Weltkriege erlebt. Und den Abwurf der Atombombe.

Vom Kopfjäger zum Gehirnwäscher, vom Faustrohr zur Rakete, von Friedensschluss zu Friedensschluss – wer bestritte den Fortschritt?

*

Frieden? Waffenstillstand. Und nicht einmal das.

Friede ist kaum mehr als Krieg mit anderen Mitteln. Und Krieg die geradlinige Fortsetzung des Friedens. Friede bringt Geld, und Geld bringt Krieg, sagen die Franzosen. Und Brecht: Der Krieg ist nichts als die Geschäfte, und statt mit Käse ist's mit Blei.

Wenn Menschen fallen, steigen die Preise.

Alles auf Erden ist geregelt, sogar der Krieg – jedenfalls unter zivilisierten Völkern.

Für Albert Einstein »ist jede Tötung von Menschen gemeiner Mord, auch wenn es der Staat im Großen tut«. Auch? Erst recht. Dann ganz besonders.

Militär ist die Mystik des Mordes.

»Politische Kultur«: Den Marsch blasen. Die Front abschreiten. Gewehr präsentiert. Helm ab zum Gebet … Und so weiter.

Worin wohl für Mao Tse-tung die »Kultur einer Armee« bestand?

Geschichte kennt kaum Gefährlicheres als den Gleichschritt und seine Folgen.

Je mehr Menschen den Kopf verlieren, desto grösser der historische Augenblick.

Auf hohlen Köpfen ist gut trommeln.

Wenn die Zeit den Atem anhält, steht ihr gewöhnlich auch der Verstand still.

Die grossen Herren entziehen sich alle auf ähnliche Weise. Sie sind so selten dabei, sagt Schiller, wenn Böses geschieht.

Wie viele Kriegsminister, die in Pension gehen, gingen auch in den Krieg?

Der Fortschritt floriert. Die Sicherheit. Auch Frauen dürfen endlich töten. Nur uniformiert müssen sie sein, meldet man Ende Oktober 2000 als weiteren »Schritt zur Gleichberechtigung«.

Adel verpflichtet. Ohne Scham sagte 1986 ein Bundespräsident mit dreistelligem Millionenvermögen: »Wir Deutschen stehen zu der Botschaft der sozialen Gerechtigkeit.« Und derselbe Edelmann: »Ich empfinde es als die angenehmste Form der Bewegung aufzusteigen ...« – über »Agent Orange«, Dioxin, Föten ohne Arme, Beine, Hälse, Tausende von Leichen, Herr?!

Arbeit adelt, heisst es – dabei sind gerade die Adeligen durch Arbeit selten adlig geworden, ihre blutige Arbeit einmal beiseite.

*

Triumphiert wird in der Geschichte fast nur in der Rolle des Henkers.

Die sogenannte Ehre. Das meiste, was dafür geschah und geschieht, gehört zum Unehrenhaftesten auf Erden.

Würde man nicht weniger siegen, blieben die Sieger anonym?

Was wirkt so schamlos wie eine ordensübersäte Brust? Bei ihrem Anblick wird mir speiübel.

Was taugt eine Menschheit, die für das Töten von Menschen Orden verleiht?

Sieht man denn nicht hinter all den glorifizierten Feldmarschällen all die von ihnen ruinierten Armeen?

Heroismus: weniger der gute Wille zum Selbstuntergang als der böse zum Untergang der andern.

Patriot – potentiell Mörder und Märtyrer in einer Person. Jeder Kampf, jedes Martyrium für eine Kirche, ein Vaterland oder sonst ein ideologisches Ungeheuer: nichts als Irrtum.

*

Lieber ein schlechter Soldat als ein guter Mörder.

Angst macht weitsichtig; Helden sterben an Kurzsichtigkeit.

Vielen fehlt zum »Feigling« nur der Mut.

Wer dem Schicksal in den Rachen greift, sollte nicht auch noch den Kopf hineinstecken.

Auf den Denkmälern posieren gewöhnlich nur scheinbare Helden; die wahren gehen im Alltag unter.

Vielleicht gewisse Denkmäler niederlegen anstelle von Kränzen?

*

Mehr Raum! Mehr Lebensraum! Zumal in der Urne. Im Grab.

Der Schweizer Richard Hopferwieser rühmt die USA, weil sie »nur e i n e n Krieg« brauchten, »um sich zu vereinigen«. Ja, doch das sagt er nicht, um, vereint dann, hundert Kriege zu führen.

Einigkeit macht stark: erst Zusammenschliessen, dann Zusammenschiessen.

Seht, sie schlagen Brücken zueinander – gut vermint!

Je weiter die Waffen tragen, desto näher kommen sich die Kontinente.

Bildung verpflichtet. – Ein Mann, beispielsweise, der keine Schule besucht hat, wird möglicherweise etwas von einem Lastwagen klauen; einer, der auf der Universität war, lässt vielleicht gleich die ganze Strasse mitgehn.

So reflektierte einst ein US-Amerikaner, Franklin D. Roosevelt, und liess seinerseits Pearl Harbor mitgehn, zum Beispiel.

Einst schrien sie Preussen. Dann Deutschland. Heute schrein sie Europa. Wer denkt, ist exterritorial.

Europa heisst heute der Plural von Nationalismus.

Es war schon Ossietzkys Irrtum, dass sich eine europäische Allianz nicht gegen andere richte. Wer heute politisch überzeugter Europäer ist, ist Nationalist schlimmster Sorte.

Europa? Amerika ist überall.

Es ist besonders selbstlos, die Menschenrechte dort zu verteidigen, wo es Öl gibt. Oder Erdgas. Oder geostrategische Optionen. Oder sonstige mit den Menschenrechten engverwandte Werte: *the American way of war.*

Mit ihrem Latein ist die Welt am Ende. Einmal wird sie es auch mit ihrem Englisch sein.

*

Das einzige System, das zunächst Vertrauen verdient, ist das Sonnensystem.

Die Verfassung, die ein Staat hat, ist selten die, in der er sich befindet.

Einiges ist faul im Staate Dänemark? Glückliches Land!

*

Pleonasmus: Staatsaffäre.

Schmiergeld heisst es, wenn die Wirtschaft den Politiker, Subvention, wenn der Politiker die Wirtschaft besticht – kurz: konzertierte Aktion.

Politiker – Accessoire von Industrie und Banken: *accessorium sequitur suum principale.*

Hinter dem Geschäft der Politik steht nichts als die Politik des Geschäfts.

Die längsten Finger hat die öffentliche Hand; manchmal heisst sie Treuhand.

Niemand hat weniger Ehrgefühl als eine Regierung, sagt Jean Paul. Und Friedrich Schlegel: »Wo Politik ist oder Ökonomie, da ist keine Moral.« Und so war es immer. Und ist es noch.

Seit wir notorisch verkohlt wurden, weiss es in Deutschland jedes Kind: man muss in diesem unserem Rechtsstaat nur hoch genug sitzen, um nicht sitzen zu müssen.

Wie gut wäre unser Staat, wären nur seine Kriminellen kriminell.

*

Wo die Autorität die Vernunft beherrscht, wo die Pflicht über den Verstand geht und Gewalt über die Gerechtigkeit, beginnt Leviathan, das Ungeheuer des Staates.

Jeder Staat beruht auf Macht, jede Macht auf Gewalt, und Gewalt zieht, sagt Einstein, stets moralisch Minderwertige an.

Nichts ist sicher – am wenigsten vor jenen, die für unsere Sicherheit sorgen.

Je argwöhnischer ein Staat seine Bürger belauscht, desto mehr verbirgt er selbst.

Jene Regierung, sagt Goethe ziemlich blauäugig, sei die beste, die uns lehre, uns selbst zu regieren. Aber gerade das wollen Regierungen am allerwenigsten.

Freie Presse: jeder darf lesen, was geschrieben wird.

Politischer Moralbegriff: es darf nicht scharf geschrieben, doch scharf geschossen werden.

*

Politiker – reden, um zu sein.

Die Phrase ist die Muttersprache der Politik.

Immer humaner: statt Arbeiter Mitarbeiter, statt Todesschuss Rettungsschuss, statt Kriegsminister Verteidigungsminister. Und Frieden stiftende Massnahmen statt Krieg.

Politiker. Nicht denken, was man sagt. Nicht sagen, was man denkt.

Dass die Menschheit ihre Politiker so lange anhören kann, ohne die Ruhe zu verlieren, ist die gefährlichste Geduldsprobe aller Zeiten.

Selten höre ich Politikern zu und dann am liebsten mit den Augen.

*

Politiker: jederzeit austauschbar, mal leutselig, mal arrogant, meist mehr Kehle als Kopf, oft etwas schmierig, nicht selten auch etwas geschmiert und stets – wie der Schaum – oben.

Regieren heisst, mit den Stimmen der Armen und dem Geld der Reichen diesen noch mehr, jenen noch weniger geben.

Politik ist die Kunst, für viele möglichst wenig und für wenige möglichst viel zu tun.

Wie viele Menschen der Staat wohl schon getötet hat, ohne ihnen auch nur ein Haar zu krümmen?

Demokratie ist die Kunst, dem Volk im Namen des Volkes feierlich das Fell über die Ohren zu ziehen.

Dient das Volk mehr dem Staat als der Staat dem Volk, muss der Staat verschwinden.

Die Demokratie hat sich endlich durchgesetzt; die Demokraten fehlen.

Die Politik brauchte ethische Konstruktivisten, kennt aber meistens nur Dekorationsmaler.

Die Politik taugt heute so viel wie zu allen Zeiten. Aber das liegt an uns.

*

Wer sich wie ein Schaf führen lässt, lässt sich schliesslich auch wie ein Schaf scheren und schlachten.

Die Achillesferse der Macht ist der Glaube an sie.

Das Schweigen der Massen ist das Verbrechen, wofür sie büssen.

Wie die Geschichte lehrt, hat der Gehorsam in ihr das weitaus grösste Unheil angerichtet.

Der Ungeist der Macht ist stets dort am grössten, wo die Macht des Geistes am geringsten ist.

Ist Gehorsam, nach Hegel, Anfang aller Weisheit, fragt man sich, warum es gerade unter den Gehorsamen von Dummköpfen wimmelt.

Am höchsten verzinst sich die menschliche Dummheit; deshalb tut man für ihre Erhaltung am meisten.

*

Wer Sklaven züchtet, bekommt auch Empörer.

Nur Lebendiges schwimmt gegen den Strom.

Besser falscher Alarm als versäumter. Mundhalten ist keine Überlebenschance mehr.

Ein Aufwiegler taugt manchmal mehr als alle Abwiegler zusammen.

Wer nicht Feind vieler Menschen ist, ist der Feind aller.

Alle Revolutionen kosten Blut, am meisten aber die versäumten.

Beim Wort Revolution erstarrt Deutschland, bei der Mobilmachung wird es lebendig.

Was die Weltgeschichte braucht, schon immer gebraucht hätte und immer brauchen wird, ist Widerstand. MEHR WIDERSTAND!

Gesellschaft, Recht, Natur

Linientreu – ohne eigene Linie, treulos gegenüber sich selbst: der tiefste Verrat.

Auch die jungen »Eliten« sind Herdentiere; sie stehen nur in besseren Ställen.

Ordnung halten läuft hier immer auf Maulhalten hinaus.

Vereinsfahnen setzt man leichter in Bewegung als den Verstand.

Je hohler ein Kopf, desto voller das Echo.

Das Gegenteil des Organischen ist gewöhnlich das Organisierte: offene Mäuler und vernagelte Köpfe.

Der Antipode dessen, der keinen Schuss Pulver taugt, ist in Deutschland der Mordskerl.

Wenn etwas zum Schiessen ist, amüsiert sich der Deutsche besonders.

Der Bürger kann kein verneinendes Prinzip im öffentlichen Leben brauchen; er braucht Lebensbejahendes: Schlachthöfe, Todesstrafe, Vivisektion, Generäle, Giftgas und ab und zu, wie jener US-Präsident sagte, *a nice little war.*

*

Die öffentliche Meinung konnte hier stets das Beste verhindern, aber noch nie das Schlimmste.

Nicht Wahrheit, es ist der Kitt der Lüge, der die Gesellschaft zusammenhält.

Öffentliches Leben: die Heuchelei, auf die man sich geeinigt hat; ein unerklärter Dauerkriegszustand.

Jeder Krieg steckt voller Lügen; die reine Wahrheit aber ist er selbst.

Der gute Erich Fromm! »Die Lüge berührt nicht die Wirklichkeit«, schreibt er in *Gesellschaft und Seele.* »Die Lüge bewegt nichts. Man kann tausend Lügen daherbringen: es tut sich nichts, weil man etwas Fiktives, etwas Unwirkliches berührte.« Ja, leben wir zur Zeit der Hochscholastik? Die Lüge bewegt nichts? Ja, die Lüge bewegt doch alles. Die ganze Seele der Gesellschaft beruht darauf. Die Werbung lügt. Die Politik lügt. Die Religion lügt. Die Lüge wurde und wird doch stets am leichtesten, am liebsten geglaubt. Und kam sie zum Vorschein wie das Stück eines gekenterten Kahns im Wellenberg, wurde sie denn nicht gleich mit neuen Lügenfluten überschüttet, ganzen Sturzfluten von Lügen?! Wurden die Kriege mit der Wahrheit bewegt oder mit Lügen? Und haben all die ungezählten Kriegs- und Friedenslügen etwas Fiktives bewegt? Etwas Unwirkliches? Die Lüge bewegt nichts? Die Lüge hat tausendmal tausendmal mehr bewegt als die Wahrheit. Bewegt und bewirkt. Wäre es anders gewesen, sähe die Welt anders aus. Und die Weltgeschichte.

*

»Ewige Werte« sind heute unverkäuflich, mit »unseren Werten« versucht man es noch.

Nichts ruiniert diese Welt mehr als das stete Wachstum ihrer Wirtschaft.

Nichts ist so nihilistisch wie eine Wirtschaft, die von der Vernichtung dessen lebt, was sie schafft.

Alles stieg: das Wachstum, die Spekulation, die Dividende, der Profit. Jetzt steigt die Kriminalität und die Armut – als wäre da ein Zusammenhang.

Auch der Kapitalismus frisst sich selbst; er frisst nur länger – und gründlicher.

*

Ihr Lieblingswort heisst heute Leistung und ist nichts als ein anderes Wort für Geld und Macht.

Wohl wahr, in der Regel gehen Geschäftspraktiken nicht bis an die Grenze des Diebstahls oder des Betrugs, in der Regel gehen sie weiter.

Wer ohne Geld nichts tut, tut für Geld fast alles.

Einer der falschesten Bibelsprüche unter so vielen falschen Salomon 10,2: »Unrecht Gut gedeiht nicht.« Denn es gedeiht blendend, ist es nur gross genug.

Reichtum ist selten mehr als der Rest von Verbrechen.

Benehmen kommt von nehmen. Wer nahm, wurde vornehm. Nur wer zuwenig nahm, verriet schlechte Kinderstube und endete im Kerker oder am Galgen.

Pleonasmus: Raubritter.

*

Man braucht wenig, um glücklich zu sein. Der es sagte, war Kaiser.

Das Glück hängt nicht vom Geld ab. Aber das Unglück.

Wer seine Wünsche zähmt, ist immer reich genug. Hätte dies auch ein bettelarmer Voltaire gesagt? Doch der wohlhabende will uns sogar, als wäre er bei Bischof Augustin in die Schule gegangen, auch glauben machen, wie schön stete Armut sei, verhindere sie doch, die Armut zu spüren!

Der Mensch lebt nicht von Brot und Wasser allein, schrieb Lec. Doch wie viele wären glücklich, davon leben zu können.

*

Ob unter all den Satten auch nur einer sich schämt, nicht verhungert zu sein?

Wohin du schaust: Überflüssiges statt Notwendiges. Luxus und Waffen. Absatz und Umsatz. Und während die einen verhungern, sind die andern schon satt, bevor sie zu essen beginnen. (Dass es immer so war, macht es dies besser?)

Wer zufrieden ist mit der Welt, wie sie ist, hat alle mit auf dem Gewissen, die Grund haben, damit unzufrieden zu sein.

Sieht Goethe, der das Leben gut nennt, »wie es auch sei«, der zum Geben animiert, weil eine empfangende Hand »ein schönes Bild macht«, sieht er das soziale Problem überhaupt? Will er es überhaupt sehen?

Kein grösseres Verbrechen als Gleichgültigkeit. Gleichgültigkeit heisst unablässig morden.

Lieber vergolden wir einen Talkmeister, als dass wir einen Armen vorm Verhungern retten.

Luxus schafft Armut, und Armut Luxus. Wer Luxus liebt, kennt kein Erbarmen.

Wie kann man zu denen gehören wollen, denen es immer besser geht, unter so vielen, denen es schlecht geht und immer schlechter?

Die Leute, die stets betonen, man könne nicht allen helfen, sind meist dieselben, die keinem helfen.

Nichts erschüttert weniger die Welt als ein lebenslang gebückter Rücken – und nichts erhält sie mehr.

Wer keine Rolle spielt, spielt die schlimmste.

Wer wirklich lebt, lebt stets zur rechten Zeit. Doch gibt es Zeiten, die es fast unmöglich machen, wirklich zu leben.

*

Der Liberale von heute will frei sein, nicht frei machen. Er will oft mehr Ellenbogenfreiheit als Freiheit des Geistes, mehr leben als leben lassen; stets besser leben jedenfalls als die meisten.

Wer die Welt absahnt, dem ist der Bodensatz Wurst.

Gewinn fand Bankier Abs so nötig wie die Luft zum Atmen. Aber Luft brauchen alle. Und alle gleich viel.

Auch verschämte Armut ist die Folge unverschämten Reichtums.

Wo Reichtum nicht zur Beseitigung der Armut dient, sollte der Reichtum beseitigt werden.

Würden die Armen immer nur arm und nicht auch dumm gemacht, hätten sie ihr Problem längst selbst gelöst.

Der Versuch, warnt Karl Popper, den Himmel auf Erden zu bringen, brachte stets die Hölle. Doch stets, das sagt Popper nicht, verhindern jene den Himmel, die ihn schon haben.

Herrliche Zeiten! Man braucht heute einen Leibwächter oder wenigstens eine Schusswaffe, um sich in Harmonie mit der Gesellschaft zu fühlen.

Links, gewiss, steht auch Neid; die Ursache des Neides aber steht rechts.

Wenn die Reichen die Armut nicht beseitigen, werden die Armen, nur eine Frage der Zeit, die Reichen beseitigen. Doch was hilfts, wechselt der Besitz dann, mit Georg Kaiser zu sprechen, bloss die Taschen?

Dass Weltverbesserer das Bessre oft für sich wollen, ist noch kein Grund, die Partei ihrer Gegner zu ergreifen, die es schon haben.

*

Man spricht gern von Problemen, »die Marx auch nicht löste« – um abzulenken von jenen, die er gelöst hat.

Globalisierung: Genug ist nicht genug. »Das Kapital«, schreibt Marx, »hat ein Grauen vor Abwesenheit von Profit, wie die Natur vor der Leere. Zehn Prozent und man kann sie haben. Zwanzig Prozent und sie werden lebhaft. 50 Prozent positiv waghalsig. Für 100 Prozent stampft man alle menschlichen Gesetze unter den Fuss. 300 Prozent und es gibt kein Verbrechen, das man nicht wagt, selbst auf die Gefahr des Galgens.« Es sagt doch genug, dass Milliarden Menschen hungern und verhungern. Und dass einige hundert der Reichsten so viel besitzen wie die Hälfte der Menschheit zusammen.

Volkseigentum heisst es, wenn den meisten das wenigste, Privateigentum, wenn den wenigsten das meiste gehört.

Gehört denn zur Verstaatlichung der Produktionsmittel immer auch die des Gehirns?

Entweder unser Kopf wird revolutioniert oder gar nichts.

*

Recht ist der Fortschritt des Faustrechts in Paragraphen; die Maske der Gewalt.

Recht gibt es, sagt Thomas Morus, englischer Lordkanzler und Heiliger der katholischen Kirche, in seinem berühmten Werk *Utopia* (1516), Recht gibt es, damit die Mächtigen leichter Unrecht tun können.

Frage an Schiller: Kann das Gesetz der Freund des Schwachen sein, wenn es die Mächtigen machen?

»Gesetz gemacht, Betrug erdacht.« Und umgekehrt.

Schlimmer als, mit Otto von Bismarck, zu sehen, wie Gesetze gemacht werden, ist es oft noch, zu sehen, was daraus wird.

Reichtum macht frei von Schuld und Fehle. Geld macht die Gesetze und Geld setzt sie ausser Kraft.

Warum maskiert sich die Justiz?

Der Gnadenakt entlarvt das schlechte Gewissen einer Justiz, die ihre Ungerechtigkeit durch das Recht kaschiert.

Solang das Recht nicht aus der Gerechtigkeit kommt, kommt keine Gerechtigkeit aus dem Recht.

Wie kann Kant warnen vor dem Untergang der Gerechtigkeit, wenn sie noch gar nicht begonnen hat?

Der Staat vertritt sowenig die Gerechtigkeit wie die Wildkatze den Vegetarismus.

Drei Breitengrade näher dem Pol, spottet Pascal, stelle die ganze Rechtswissenschaft auf den Kopf. Doch manchmal tut's ein blosser Machtwechsel schon.

*

Viele Figuren der sich allabendlich auf der Mattscheibe spiegelnden Zeitgeschichte erinnern mich an den Satz aus dem *Schnauzenkuss* meines Freundes Karl August Groskreutz – »das ganze Schwein nur Schnauze, mit ein bisschen noch was hinten dran«.

Die »Heutigen«: ihre Zungen immer schneller als der Verstand.

Man erfährt im Fernsehen meist so viel von der Welt wie der Esel von Botanik, wenn er Heu frisst.

Wer meint, dass ihm die Medien ein Licht aufstecken, wird als erster hinters Licht geführt.

Fernsehanstalt: Unternehmen, das sich von seinen Opfern bezahlen lässt, statt sie abzufinden.

Amüsement – Vergnügen der Freudlosen?

Spitzensport – nur nutzlose, ruinierende Rekorde, immer wieder – millimeter-, hundertstelsekundenweise überboten, umbrandet von einem Meer von Dummheit.

Grosskaufhaus – jene Form der Hölle, die den Konsumenten nicht erkennen lässt, wo er sich befindet.

Nicht die Zeit schlägt man tot – sich.

*

Kinder! Rief mein Freund Jens Bjørneboe, nachdem er – zwei Tage lang – von Kiel nach Franken gefahren war, was ist denn los auf euren Autobahnen? Der reinste Vorkriegszustand!

Wie viele starben hier durch Terroristen? Wie viele, weil man das Tempo auf unseren Autobahnen nicht begrenzt?

Seit wir die Eisenbahnen haben, meint Fontane, laufen die Pferde schlechter. Nein, nur langsamer. Und schöner.

Wer langsam reist, sieht mehr.

Der Fortschritt. Je schneller alles geht, desto weniger Zeit bleibt.

Es ist der Motor, der die Seele zerrattert – immer lauter, immer schneller, immer leerer.

Früher ersetzten die Maschinen den Arm, heute den Kopf.

Man prophezeite die Entwicklung der Menschen zum Individualismus als naturgemäss. Was aber kommt, schon begonnen hat, beinahe boomt, ist die Verameisung: ein Ausmass an Entseelung, das der Beschreibung spottet. Wir werden nur noch blinzelnde Mechanik sein.

*

Technik – und wenn sie den Globus durchbohrt – bleibt immer an der Oberfläche.

Technik: Spielart eines Kampfes, die auf Dauer den Sieger ebenso kaputtmacht wie das Besiegte. Denn das, womit der Mensch seine Welt aufbaut, ruiniert sie auch.

In der Atomenergie sehen sie kein Problem. Sowenig wie im Krieg – nur in unserem Umgang damit.

Die Zeit ist explosiv, der Mensch stürmt in Detonationen voran, die Welt stinkt zum Himmel und noch ihr letzter Schrei wird dem Segen der Technik gelten, womit sie zur Hölle fährt.

Subaquale Paradiese. Computer auf Stelen, bewegungsloses Mastvieh, Roboter-Heerhaufen, Plastikbäume, künstlicher Wind, Sonne, Regen, Düfte aus TV-Geräten, und alles viertausend Meter unter dem Meeresspiegel – ich bin untröstlich, es nicht mehr zu erleben.

*

Der ethische Mensch ist ein Freund der Natur, der technische ruiniert sie: Wälder voller Nimmergrün, Zeiten, wo man das Rauschen der Bäume nur noch auf Tonbändern hört. Und vielleicht sogar das Rauschen des Regens.

Weil wir immer mehr vergessen, dass die Welt allen, auch den Tieren und Pflanzen, gehört, wird sie bald keinem mehr gehören.

»Wenn die Gesellschaft so weitermacht, wird es in zweitausend Jahren weder einen Grashalm noch einen Baum mehr geben; sie werden die Natur aufgefressen haben.« Aber lebte Flaubert heute, gäbe er der Natur keine zweihundert Jahre mehr.

Ob der Mensch vor seinem Untergang noch ahnen wird, dass von all seinen Weltbezwingungsmitteln die Technik das schädlichste, das Militär das schändlichste war? Und die Religion das dümmste?

Vernunft quält uns in Schwermut, Nacht. Integrer Geist macht gemütskrank. Und wo Intelligenz Ethik ausmerzt, herrscht das Verbrechen. So werden die Flammenmeere der Forschung mehr Opfer noch fordern, mehr Menschen und Tiere verschlingen als einst die Scheiterhaufen der Inquisition.

Falls wir nach dem globalen Inferno noch Nachfahren haben, wird ihnen unsere Zeit noch viel unbegreiflicher sein als uns die Zeit der Scheiterhaufen oder der Kannibalen.

*

Das einzige, was wir zu fürchten haben, meint Michel de Montaigne, ist die Furcht. Doch das hat nie ganz gestimmt. Und heute stimmt es ganz und gar nicht.

Prinzip Hoffnung: Hofnarr des kleinen Mannes.

Manches deutet darauf hin, dass am Ende der Evolution das Irrenhaus steht.

Fortschritt? Von Fall zu Fall.

Seit die ganze Welt dem Fortschritt dient, rollt sie immer rascher aufs Ende zu.

Was hilft es den Ratten, das sinkende Schiff zu verlassen, inmitten des Ozeans!

All die astronomischen, ins Universum verpulverten Summen, während Ungezählte obdachlos, auf der Flucht sind, verhungern … Wer schrieb denn: »Es gibt keine grossen Entdeckungen und Fortschritte, solange es noch ein unglückliches Kind auf Erden gibt«? Ein Feind des Fortschritts? Der Forschung? Der Wissenschaft? Albert Einstein.

*

Die alte Nachricht, dass Menschen das Paradies verloren haben, gewinnt an Wahrscheinlichkeit.

Ein Narr, wer, wie Livingstone, bereit ist, überall hinzugehen, führt der Weg nur vorwärts.

Manchmal führt sogar ein Rückschritt zum Ziel.

Die Herrschaft der Vernunft, wenn es sie je gäbe, machte die Welt nicht zum Paradies, aber bewahrte sie davor, die Hölle zu sein.

*

Kein Vers, auch der schönste nicht, ist so unmittelbar wie ein Möwenschrei oder ein Lichtspiel im Laub.

Oh diese diesigen Morgen im frühen Mai – und der Kuckucksruf darüber!

Warum sind alte Bäume oft so schön?

Was ist so schön wie der Himmel in Bäumen – und dicht darunter, dahinter, darüber das Meer!

Es ist das Meer, von dem die Inseln träumen.

Gehört es nicht zum Schönsten des Meeres, dass es, so alt es ist, uns immerwährend jung ansieht?

Es ist schön, erwachend in der Nacht das Meer zu hören, erwachend am Morgen und schliesslich wieder einzuschlafen mit dem Meer.

Noten, die ewig sind, schreibt nur der Wind.

Kein Echo ist so wahrhaftig wie die Stille.

*

Gegenüber dem Tier ist der Mensch Gewohnheitsverbrecher.

Tierfreunde: erst Lämmchen streicheln, dann Lammbraten; erst den Angler anpöbeln, dann Forelle blau.

Geliebter Lichtenberg: Nicht nur *verbrannte* Braten sind viel schlimmer als verbrannte Bücher!

Die Speisekarte – das blutigste Blatt, das wir schreiben.

Kein britisches Rindfleisch, bitte. Nur kerngesunde Leichen auf den Tisch!

Moralische Bedenken gegen Kalbsbraten? Von seiten der Erzieher nicht. Von seiten der Jurisprudenz nicht. Von seiten der Moraltheologie nicht. Von tausend anderen moralischen Seiten ebenfalls nicht. Von der des Kalbes vielleicht?

Dass sich der Jäger angesichts seiner ungeheuren Überlegenheit nicht schämt!

Jäger mögen sie nicht: – Wildbret!

Wer die Hilflosigkeit eines Tieres missbraucht, gehört zum allermiesesten Menschentyp.

Stumme Schreie sind lauter.

»Wahre menschliche Kultur gibt es erst, wenn nicht nur die Menschenfresserei, sondern jeder Fleischgenuss als Kannibalismus gilt«, schrieb er und dichtete: »Ente gut, alles gut!« »Es wird mit Recht ein guter Braten / Gerechnet zu den guten Taten …« »Wer einen guten Braten macht, hat auch ein gutes Herz.« Vegetarisches und Kannibalisches von Wilhelm Busch.

Eine Gesellschaft, die Schlachthäuser und Schlachtfelder verkraftet, ist selber schlachtreif.

An Christian Morgenstern: Was wir den Tieren angetan, lässt sich durch nichts gutmachen, auch durch Weltalter voller Liebe nicht.

Schon das erste Tier, das im Judentum/Christentum auftaucht, wird verteufelt.

Seid furchtbar und mehret euch!

Der Mensch, sagt Spengler, ist das Raubtier mit den Händen. Eine euphemistische Metapher, die Banken und Atombombe involviert, Sklaverei und Inquisition, Schlachthäuser und Gaskammern und Genickschüsse und Gentechnik. Das alles ahnt das Raubtier ohne Hände nicht. Es verdummt auch nicht, beutet nicht aus, kurz, fast jeden Vorzug hat es ausser dem, die Krone der Schöpfung zu sein.

Auch Tiere sind grausam? Doch Menschen, so las ich, fressen 600 000mal häufiger Haie als Haie Menschen.

Alle Tiere kann man nicht retten, aber ein Tier zu retten ist für dieses Tier alles.

Warum wollen Tiere allein sterben, Menschen nicht? Oder ist es gar nicht so?

Meint denn, wer vom »Kadaver« eines Tieres spricht, er hinterlasse mehr?

*

Nicht so vieler Menschen Gesicht hält den Vergleich mit dem eines grösseren Tieres aus.

Mein Kater Mucki kann nicht sprechen, aber schnurren. Das ist schöner. Und einer der schönsten Sätze Canettis über Tiere: Je mehr uns von den Tieren trennt, umso kostbarer sind sie.

Die schönsten Gipfelgespräche führen die Vögel im Wald.

Religion und Klerus

Virtuosen der Logik – erst zaubern sie Gott aus dem Glauben, dann den Glauben aus Gott.

Gott – das Trojanische Pferd aller Pfaffen.

Wahrscheinlich würde doch keine der drei göttlichen Personen an die zwei anderen göttlichen Personen glauben, wären sie eben nicht eine göttliche Person. Die Christen aber glauben an alle drei. Deshalb nennt man sie Eingottgläubige.[1]

Aller Monotheismus hat etwas Chauvinistisches.

Dass Götter stets nur in Menschengestalt kommen, hat noch keinen Gläubigen nachdenklich gemacht.

Wäre Gott nicht zum Menschen gekommen, wäre der Mensch vielleicht bei sich selber.

Ich kenne kaum ein grösseres Unglück auf Erden, als dass Jesus Christus nicht hundertjährig friedlich im Bett verschied.

Was tat Gott eigentlich, bevor er sich erbarmte? Wir wissen es nicht. Doch dann säuberte er die Welt durch die Sintflut. Eine gründliche Aktion. Sie misslang. So säuberte er sie noch einmal durch sein kostbares Blut am Kreuz. Auch dies schlug fehl. Deshalb säuberten seine Diener weiter: durch Heidenvernichtung, Judenpogrome, Ketzer- und Hexenausrottung, durch Indianer-, Negergemetzel, Kreuzzüge und ungezählte andere Desinfektionen. Hygiene, Hygiene! Auch dies leider vergebens. So säubert der Herr selbst noch einmal durch das Jüngste Gericht, eine saubere Sache. Zuletzt siegte das Gute. Und dann ist alles sauber – bis auf die Hölle; ein dreckiges Loch, Gottes Schandmal durch alle Ewigkeit.

Alle Terroristen sind schwächliche Schüler des Bibelgottes, der, wenn schon nicht mit der Schöpfung losschlug, dann sicher mit der Sintflut. Was ist der 11. September dagegen!

Bei Gott ist kein Ding unmöglich, auch nicht Auschwitz, auch nicht der Holocaust, auch nicht die Sintflut, auch nicht die ewige Hölle.

Der Gedanke, dass es den über alle Massen blutrünstigen und durch alle Ewigkeit rachsüchtigen und strafenden Gott gibt, ist er nicht tausendmal schrecklicher als der Gedanke, es gibt ihn nicht?

*

Der eigentliche Schöpfer einer Religion ist der Selbsterhaltungstrieb.

Die Religion – eine Erfindung, um nicht an der Wahrheit zugrunde zu gehen.

Wer glaubt, will glauben und nicht mehr wissen, was er weiss.

Am Zustandekommen des Gottesglaubens war unser Herz wohl mehr beteiligt als unsere Vernunft; bei seiner Liquidierung ist es umgekehrt.

Warum fürchtet Aufklärung nie die Religion, Religion aber stets die Aufklärung?

Auch Religion ist nur eine Frage der Geographie. Und des Datums.

Das Fortleben der Religionen beweist nur ihre Dauer, nicht ihren Wert.

Religionen sind falsche Mittel zur Befriedigung echter Bedürfnisse.

*

Die schönsten Lügen haben stets den Nimbus des Numinosen um sich.

Was die Predigt offenlässt, übertönt die Orgel.

Heilige Messe: der Triumph des Knies über den Kopf.

Je grösser der Dachschaden, desto schöner der Aufblick zum Himmel.

Glaube – die Frucht der Furcht. Der häufigste Zustand partieller Unzurechnungsfähigkeit, der Krückstock, mit dem Lahme ihre Flüge in höhere Welten bestreiten.

Das grösste Bedürfnis, nach dem Bedürfnis zu glauben, ist für den Gläubigen das Bedürfnis, über den Glauben zu sprechen. Ähnlich ergeht es den Liebenden mit der Liebe – und allen, die nicht sicher sind.

All die Millionen, die auf ihren Glauben schwören! Doch schwört auch nur einer, eins und eins ist zwei?

Wer nicht denken kann, glaubt. Wer Angst vor dem Denken hat, glaubt. Wer glaubt, denken zu können, glaubt. Und das glauben fast alle.

Dass Glaube etwas ganz andres sei als Aberglaube, ist unter allem Aberglauben der grösste.

Blinder Glaube? Was sonst!

Vom blinden Glauben leben die Seher.

*

Wie allerlei gestörter Geist im Glauben steckt, steckt manchmal noch ein Rest Vernunft in der Geistesgestörtheit.

Verachte keinen, der Gott sucht, fürchte jeden, der ihn findet.

Dass alle die Wahrheit suchen, heisst nicht, dass es sie gibt.

Prediger absoluter Wahrheiten sind immer absolute Lügner.

Dogma – ein Korsett im Kopf.

Steigerung: Eifer – Glaubenseifer – Feuereifer.

*

Metaphysik: Philosophie auf der Fahnenflucht.

So mancher erklärt manchem manches, was er sich selbst nicht erklären kann, zumal wenn er Theologe ist.

Theologe – einziger Experte ohne Ahnung von seinem Forschungsobjekt.

Selbst Gescheite lassen sich von Pfaffen täuschen, die nicht halb so klug sind wie sie.

Jeder hat zunächst den Gottesglauben, den man ihm aufgeschwatzt hat; aber allmählich hat er den, den er verdient.

Zu den traurigsten Pfaffentriumphen gehört, dass selbst wachere Köpfe oft die ganze zweite Lebenshälfte brauchen, um den Blödsinn zu vergessen, den sie in der ersten gelernt.

Vordergründig! So schreit jeder Pfaffe, deckt man seine Hintergründe auf.

Kirche, das ist der organisierte Angriff jener, die die Laien glauben machen wollen, was der Klerus, jedenfalls der klügere Teil, schon längst nicht mehr glaubt.

Die wenigsten ahnen, dass der grösste Teil der Klugheit des Klerus in der Dummheit der Laien besteht.

Die meisten suchen Schutz hinter der Kirche statt Schutz vor ihr.

Kirchen sind durchaus kein notwendiges Übel, aber das Übel folgt notwendig daraus.

Kirche – metaphysische Bedürfnisanstalt. Eine Praxis, die krank macht, um heilen zu können; die in Nöten hilft, die man ohne sie gar nicht hätte; das Gängeln derer, die noch glauben, durch jene, die nicht mehr glauben.

*

Es gäbe wenig Gläubige auf der Welt, kennten sie ihre Glaubensgeschichte so gut wie ihr Glaubensbekenntnis.

Vom periphersten Brauch bis zum zentralsten Dogma, vom Weihnachtsfest zur Himmelfahrt: lauter Plagiate.

Wer immer wieder Abweichungen vom Evangelium beklagt, verkennt, dass Jesus und seine Jünger theologisch noch in den Kinderschuhen steckten und erst später die Päpste deutlich zu sagen vermochten, was der Erlöser und seine Apostel eigentlich gemeint, was sie vielleicht nicht so gesagt oder ganz anders oder überhaupt nicht gesagt haben, weil sie es noch nicht besser oder gar nicht sagen konnten, doch sicher sagen wollten, wären sie schon so schlau gewesen wie die Päpste.

*

Schubert. Er schuf ein ebenso umfangreiches wie vielseitiges Werk, darunter die grossen Orchestermessen. Weniger bekannt: gewisse Textstellen hat er nicht vertont. Konsequent nicht: »Credo in unam sanctam catholicam et apostolicam ecclesiam«. Auch das Fortleben, über das er am 8. September 1816 noch notiert: »Wenige Augenblicke erheitern das düstere Leben; drüben werden die seligen Augenblicke zu währendem Genuss …« wird ihm später zweifelhaft. In der As-Dur-Messe (1822) bringt er die Floskel »et expecto ressurectionem« nicht über die Lippen. Und das *Lazarus*-Oratorium bricht er nach dem zweiten Akt, der Grablegung, ab und lässt den dritten, die »Auferstehung«, unvertont.

Ganz recht schien es Goethe, beglückte uns nach diesem Leben noch ein weiteres – bat sich allerdings aus, »dass mir drüben niemand von denen begegne, die hier daran geglaubt …«

Frage nach dem Paradies nur den, der dort gewesen ist.

Sicher an der Erlösung ist nur der Erlös daraus.

Eines Morgens, nachdem mein Freund Fredi Schwarz in Luzern sich eben noch beim Abschied über den Aufsatztitel eines Bekannten, Anwalts und Sektenbischofs, mokiert hatte, »Wieso gibt es ein Leben nach dem Tod«, las ich beim langsamen Hinausfahren des Zuges aus der schönen Stadt an einer scheusslich dunklen grossen Mauer, weiss und riesig wie ein Schrei: »Gibt es ein Leben vor dem Tod?«

*

Keine Religion ist besser als eine falsche. Und falsch sind sie alle.

Warum nachbeten, wenn man nachdenken kann?

Es ist vielleicht manchmal traurig, Atheist zu sein; doch das Gegenteil ist noch viel trauriger.

Illusionen müssen sterben, damit Menschen leben können. Was den Leuten als heilig im Kopf steckt, gehört herausgeschnitten wie Krebs.

Ich hoffe sehr: je länger die Geschichte des Menschen dauert, desto ungläubiger wird er. Es kann gar nicht genug Unglauben geben auf dieser Welt. Aber ich sehe im Atheismus noch zu viele Reste von Religion. Und in nicht wenigen seiner Zeremonienmeister die Nachfahren der Pfaffen. Und nur ungern, ich gesteh's, sähe ich aus den Kinder- und Tölpelparadiesen der Religionen nichts als die Paradiese fideler Besserwisser werden.

*

Gott ist der einzige Herr der Welt, der weniger zu sagen hat als seine Diener.

Pleonasmus: politischer Katholizismus.

Päpste und Hochstapler wechseln die Namen.

Man konnte schon immer Papst sein, ohne an Gott zu glauben, man durfte nur nicht aufhören, zu ihm zu beten.

Warum gehen kranke Päpste nicht nach Lourdes?

*

Ich behaupte nicht, dass die Welt ohne Gottesglauben besser werden wird. Aber etwas weniger verheuchelt vielleicht.

Das Christentum beruht auf verschiedenen Geboten – dem Gebot der Nächstenliebe, der Feindesliebe, dem Gebot, nicht zu stehlen, nicht zu töten – und auf der Klugheit, keines dieser Gebote zu halten.

Nichts ist ungeheurer als das Böse, das im Namen des Guten geschieht.

Doppelte Moral hält besser.

Pleonasmus: scheinheilig.

»Wenn ich von heiligen Dingen lese, fasst mich ihre Erinnerung, bloss weil sie heilig waren …« Sooft Canetti vom Heiligen spricht, ist er ahnungslos wie beinah alle, wie selbst Cioran: »Unverwendbarer sein als ein Heiliger …« Nicht nutzlose Betbrüder nämlich erklommen die »Ehre der Altäre«, nein, Ausbeuter, Diebe, Antisemiten, Erpresser, Fälscher, Brandstifter und Bestechungsspezialisten, Mörder und Massenmörder. Helvétius wusste es: »Wenn man ihre Heiligenlegenden liest, findet man die Namen von tausend heiliggesprochenen Verbrechern.« Und fast alle aus der Oberschicht.

Monitum 1. Noch immer kein Patron der KZ-Kommandanten! Nehmt ihren frömmsten: Filipović, den Franziskaner. In Jasenovac brachte er 40 000 serbische »Ketzer« um ihren Kopf und starb dafür 1946. Auf die Ehre der Altäre!

Monitum 2. Auch die Henker noch ohne Schutzheiligen. Nehmt Brzica, den Franziskaner-Stipendiaten. Am 29. August 1942 köpfte er in einer Nacht in Jasenovac 1360 Serben. Auf die Ehre der Altäre![2]

*

Frei nach *Faust II:* Kirche, Krieg und Kapital, dreieinig sind sie allemal.

Christentum – die Religion der Frohen Botschaft mit der Kriegsbemalung. Die Liaison eines Gesangvereins mit einer Feuersbrunst.

Cicero, der Heide, fand den ungerechtesten Frieden immer noch besser als den gerechtesten Krieg. Die Verkünder des Friedens und der Feindesliebe lehren seit siebzehnhundert Jahren das Gegenteil.

»Abstrakt genommen ist der Kommunismus christlicher als das Christentum, in der Wirklichkeit soll er zwanzig Millionen Menschen umgebracht haben.« Und das Christentum?

Auch der Katholizismus sucht die Versöhnung – zu seinen Gunsten. »Versagt das«, so Kardinal Richelieu, »alles zermalmen.«

Klassischer Katholizismus. Bei Mehrheit: gegen Toleranz; ohne sie: dafür.

Gibt's denn einen Weg der Welt, mehr mit Lügen gepflastert als »der Weg, die Wahrheit und das Leben«?

Auf Lügen wächst nichts, meint Gabriel Marcel – und gedeihen doch ganze Weltreiche darauf. Und ganze Weltreligionen.

Das Christentum, glaubt Karl Kraus, war zu schwach, um den Weltkrieg zu verhindern. In Wirklichkeit hat es ihn mit heraufgeführt. Und auf allen Seiten unterstützt. Und den Zweiten Weltkrieg wieder.

Wie viele beteten schon vor Altären, auf denen sie geopfert wurden.

Thron und Altar: altes Unternehmen zur Vernagelung von Holzköpfen und -särgen.

Hat eigentlich die Skepsis auf die Schlachtfelder geführt oder der Glaube?

*

In Jerusalem opferte sich – dem Vernehmen nach – jemand für andere. In Rom opfert man andere für sich.

»Arme Leute machen reiche Heilige.« Reiche Heilige machen arme Leute, sagt das Sprichwort nicht.

Päpstlicher Segen: die edle Kunst, mit leerer Hand zu spenden.

Es ist das ganze Kunststück christlicher Sozialmoral, aus den grossen Opfern der Armen für die Reichen kleine Opfer der Reichen für die Armen zu machen.

*

Hirtenmoral. Im August 1978 nannte der Augsburger Bischof Stimpfle die Zeugung eines Retortenbabys »schlimmer als die Atombombe«.

Indem der Papst den Schwangerschaftsabbruch bekämpft, fördert er nicht das Leben, sondern den Tod.

Hans Henny Jahnn: »Alles Unglück kommt von der grossen Zahl.« Wir sind zu viele, um zueinander gut zu sein.

Wie der Klerus doch, was er im Mutterschoss schützt, preisgibt im Krieg; als sammelte er in Weiberbäuchen – Kanonenfutter.

Als die Aidswelle nicht ganz so schlimm kam, wie zunächst befürchtet, schwappte die Sexwelle zurück. Rom warnte ernstlich und sprach von einer ungesunden Entwicklung.

»Wir müssen dem Entwurf entsprechend leben, nach dem wir geschaffen sind: die Homosexualität ist nicht natürlich.« Und das Zölibat, Mutter Teresa? Die Josefsehe? Das Mönch- und Nonnentum? Ist denn überhaupt etwas natürlich bei euch – ausser der Sünde?

Welche Infamie schon das Wort Unschuld! Als begänne jenseits davon – die Schuld.

Welcher Puritaner strich aus dem Wort Leidenschaft denn die Lust?

Wie vielen doch Augustinus aus der Seele sprach: Herr, gib mir Keuschheit, nur nicht gleich!

Ruinierte Seelen tragen häufig die Fingerabdrücke der Geistlichkeit.

Kinder brauchen viel Liebe, sagen pädophile Pfaffen. Und das gute Beispiel.

Die erste Vergewaltigung des Kindes geschieht durch die Taufe. Und die schlimmste.

Es ist bekannt, doch darf daran erinnert werden: Die Freiheit eines Christenmenschen beginnt mit der Zwangstaufe.

*

Sie überziehen die Welt wie Krätze und halten sich für die Krone der Schöpfung.

Seit zwei Jahrtausenden brüstet sich die Christenheit, das Tieropfer von Anfang an abgeschafft zu haben. Tatsächlich freilich hat sie mehr Tiere geopfert als jede andere Religion – nur nicht mehr Gott, sondern dem eigenen Bauch.

»Grausamkeit gegen Tiere«, notiert Alexander von Humboldt, »kann weder bei wahrer Bildung noch wahrer Gelehrsamkeit bestehen.« Aber bei wahrer Religion!

*

Dass das Christentum mit all seinen Verbrechen zwei Jahrtausende überdauert hat, ist kein Wunder. Ein Wunder wäre es umgekehrt.

Die Heiligenlegenden entlarvte Luther als Märchen. An den Bibellegenden hielt er fest; am Teufelsglauben auch; am Hexenwahn auch; an der Ketzervertilgung auch; am Antisemitismus auch – am Kriegsdienst, an der Leibeigenschaft, den Fürsten. Man nennt es: Reformation.

Ökumene – eine Konfusion stärkt die andere.

Progressiv – das heisst die Inszenierung etwas ändern, um das Repertoire zu retten.

Es ist ein beliebtes Quidproquo vieler Christen, die Bergpredigt, die Kathedrale von Chartres oder Johann Sebastian Bach mit dem Christentum zu verwechseln.

Die guten Christen sind am gefährlichsten – man verwechselt sie mit dem Christentum.

Wo Klerus herrscht, hat Kreuz kein Ende.

Über mich selbst

Lesen war mein Leben nicht. Aber Nichtlesen wäre vielleicht mein Ende gewesen.

Dichtung kann einsam machen und doch durch Trostlosigkeit trösten – schönstes Paradigma für mich: Hans Henny Jahnns *Fluss ohne Ufer,* besonders *Die Niederschrift des Gustav Anias Horn nachdem er neunundvierzig Jahre alt geworden war.*

Dass ich mehr in vergangenen Jahrhunderten, vor allem im 18. und 19. Jahrhundert, gelebt habe, dass mein Hauptumgang im Umgang mit Toten bestand, die nicht tot geblieben sind, habe ich stets als einen ganz besonderen Vorzug meines Lebens empfunden.

Ich sprach mein Leben lang mit Toten – es schafft Distanz. Und ordnet ein.

Bruckner – die Sprache, mit der ich zu mir selbst am liebsten spreche, weil sie, was unsagbar und doch nicht zu verschweigen ist, für mich am schönsten sagt.

*

Schreiben um zu sein.

Mein Schreibtisch – Cordon sanitaire. Und Angriffsbasis. Ich lebte, um zu schreiben, und schrieb, um zu leben.

Gegen Hebbel. – Nicht die miteinander abwechselnden Schmerzen machen das Leben erträglich, sondern eine immer gleiche Arbeit, die man liebt.

An einem Tag ohne Arbeit komme ich mir vor wie ein Dieb an meinem Leben – und doch hat mich die Arbeit um mein Leben gebracht.

Ich lasse mich bezahlen, nicht kaufen. Ich brauche keine Arbeit, um Geld zu verdienen, sondern Geld, um arbeiten zu können.

*

Mein ganzes Leben sägte ich an dem Ast, auf dem ich hätte sitzen können. Und wenn ich könnte, ich täte es noch einmal.

Mein Beruf hat mir nichts erübrigt, doch einiges erspart.

Ich stecke so viel ein, ungerechterweise, meine ich, wie ich, gerechterweise, austeile.

Fussangeln lege ich nicht – Minen.

Ich habe mich immer empört; gewiss gegen zuwenig noch und noch viel zuwenig. Doch die Empörung hat mich wie nichts sonst gestützt. »Die Empörung ist für mich das«, schrieb Flaubert, »was der Spiess im Hintern der Puppen ist, der Spiess, der sie aufrecht hält. Wenn ich einmal nicht mehr empört bin, werde ich zusammensacken!« Und zeichnete die Silhouette eines auf dem Boden gestrandeten Hanswursts.

Leisetreter. Die einzigen, die ich liebe: die Katzen.

Jener Mensch vom Bundesverband der Deutschen Industrie, der Ernst Kreuder, meinen Freund, der seinen Preis empfing, anstöhnte: »Ach, dieser grässliche Deschner!« – Er ahnte nicht, wie sehr sein Abscheu mir den Rücken steifte.

Ich möchte im Alter keine Feinde verlieren. Und schon gar nicht nach meinem Tod.

Äusserlich tat ich alles, um mich der Gesellschaft anzupassen, der ich mich innerlich aufs schärfste widersetzte, ohne daraus freilich ein Geheimnis zu machen.

*

Nicht mein grösstes, doch mein häufigstes Vergnügen: die meisten, die ich hätte haben können, nicht gehabt zu haben.

Beim Vergnügen fehlt mir oft die Arbeit, bei der Arbeit selten das Vergnügen.

Allein bin ich manchmal einsam; mit andern oft; in Gesellschaft fast immer. Was mich mehr als alles krank macht, sind die unheilbar Gesunden.

Am liebsten mag ich Menschen, die mich durch ihre blosse Gegenwart erfreuen.

*

Nicht, was ich tue, belastet mich am meisten, sondern was ich immer tun wollte und nicht getan habe.

Ich kann vergessen, was man mir angetan hat. Nie aber vergesse ich, was ich angetan habe.

Je älter ich werde, je kürzer mein Atem, je länger mein Satzbau und viele meiner Bücher, desto häufiger sage ich mit Kallimachos: *Mega biblion mega kakon,* ein grosses Buch ist ein grosses Übel.

Jeden Augenblick hätte ich für meine Kinder mein Leben hingegeben, für die ich doch nur Augenblicke meiner Zeit hergab.

*

Ich bin keine so grosse und schöne Seele, die von Morgen bis Abend an die Menschheit denkt; ich bin schon zufrieden, wenn mein krebskrankes Katerchen noch jeden Tag seine Schüssel leert.

Ich finde es nicht nur schöner, sondern auch nützlicher, meinem Hund zu folgen als der Obrigkeit.

Ungetrübte Liebe – wie ich für meinen Hund empfinde und er, so hoffe ich, für mich.

Ich habe bei Tieren mehr Gemüt gefunden, ja, mehr Liebe, als bei vielen Menschen.

Muck, mein junges Katerchen, springt gern auf meinen Schoss, wenn ich am Schreibtisch lese. Er hat dann wohl das Gefühl, dass wir beide nichts tun. Oder dass wir beide arbeiten. Doch augenblicklich, sobald ich die Maschine in Bewegung setze, fühlt er sich gestört und kriecht unter die Couch.

Ich höre draussen ein Auto hupen. Felix hört nichts mehr. Ich sehe die Sonne am Strassenrand liegen. Aber die Sonne liegt allein. Ich sehe ihn gehen, fast taub, halbblind, so bedächtig, da, dort, überall – ewige Nacht …

Der vergebliche Schrei der Tiere – noch in mein Sterben, meinen Tod hinein …

Ich könnte Nietzsche schon deshalb lieben, weil er, so sagt man, zuletzt einen Droschkengaul umarmt hat.

Hat nicht alles seine Biographie? Jeder Vogel, jedes Insekt, vielleicht jedes Sandkorn sogar? Und doch wurde ich alt, bis ich bei jedem Schritt an die zu denken begann, die ich zertrat.

Meine Hoffnung: das Überleben der Tiere.

Wer die Kirche verlässt: ein Lichtblick für mich; wer kein Tier mehr isst: mein Bruder.

*

Ich denke, also bin ich kein Christ.

Einziger Grund, warum ich kein Kommunist bin: die Kommunisten. Der Grund, warum ich kein Christ bin: das Christentum.

Ich würde mich für viele Ideen begeistern, wären nicht deren Verfechter.

Nichts in meinem Leben fehlt mir weniger als Gott.

Ich hatte keine Zeit, mich um Gott zu kümmern; doch für seine Diener nahm ich sie mir. Wer aber ohne jede Anfechtung aufklärt und Trauer, ist mir fremder als der religiöse Mensch.

Konfutse flösst mir fast nur Abneigung ein, Widerspruch. Doch ganz wie er könnte ich sagen: Ich bin nie müde geworden zu lernen, um andere zu lehren, was ich gelernt habe. Dies sind meine einzigen Verdienste.

Wer mich nicht liest, weil er um seinen Glauben bangt, ahnt offenbar, dass meine Bücher mehr Vertrauen verdienen als sein Glaube.

Dass das meiste meiner Kritik am Christentum wenigen bekannt war, bestreite ich nicht. Ich bestreite, dass es den meisten bekannt ist. Und besonders bestreite ich das ihnen Bekannte.

Ich wiederhole mich, wie ein Musikstück seine besten Themen, und ich werde nicht aufhören, mich zu wiederholen.

Meine Radikalität ist geistiger Art, die Radikalität der Kirchen geht über Leichen.

Sie verzeihen es mir nie, dass sie so abscheulich sind, wie ich sie geschildert habe.

Ich sehe Irrende nicht als Todfeinde an – aber alle, die sie zu Irrenden machen.

Warum also nicht alles metaphysische Gemunkel preisgeben, jeden religiösen (und nichtreligiösen) Absolutheitsanspruch, jede religiöse (und nichtreligiöse) Intoleranz? Warum nicht friedlich und freundlich werden, zum Wissen erziehen, soweit man wissen kann, und zur Liebe – in einem kurzen Leben auf einer änigmatischen Welt?[3]

*

Ich bemesse Menschen nach dem Mass der Wahrheit, die sie vertragen, und, mehr noch, nach der Hilfe, die sie andern geben.

Kein Bibelwort hat mich so überzeugt, keines durch zwei Jahrtausende noch so an Gewicht gewonnen wie Lukas 13,3: Wenn ihr euren Sinn nicht ändert, werdet ihr alle ebenso umkommen.

Je älter ich werde, desto mehr glaube ich, dass die kleinste Hilfe oft mehr taugt als der grösste Gedanke.

Blosser Verstand lässt mich kalt. Aber jedes Zeichen von Güte berührt, überwältigt mich und macht mir das Leben noch lebenswert.

Wer von sich spricht, weil kein anderer von ihm spricht, ist lästig, sagt Karl Kraus. Ich finde das eher traurig. (Auch von Kraus.)

Müsste ich die zehn wichtigsten Sätze zusammenstellen, die ich in meinem Leben las, wäre wohl auch der Satz Albert Schweitzers darunter: Das einzig Wichtige im Leben sind die Spuren der Liebe, die wir hinterlassen, wenn wir gehen.

*

Ohne mein Herz ertrüge ich meinen Kopf nicht. Und ohne meinen Kopf wäre ich schon längst das Opfer meines Herzens geworden.

Ich liebe radikales Denken, das vernünftig ist.

Der Tag, an dem ein Mensch einsieht, nie und nimmer alles zu wissen, ist ein Trauertag, notiert Julian Green. Ich dagegen finde selbst das wenige, das ich weiss, eigentlich schon zuviel, um damit leben zu können.

Ich bin ungebildet – das Ergebnis lebenslanger Studien.

Wenig lernte ich im Lauf des Lebens so begreifen wie die Unbegreiflichkeit des Ganzen.

Mehr als Wahrscheinlichkeiten habe ich, seit ich denke, nicht erwartet; mehr erwarte ich nicht.

*

Die Geheimnisse der Welt ertrage ich gut; nicht die Erklärungen dafür.

Jede Ungewissheit, auf die ich stosse, flösst mir mehr Vertrauen ein als alle Gewissheit ringsum.

Ich kann die »grossen Wahrheiten« nicht sehen, schon wegen des Blutes daran.

Vieles bewundere ich zwischen Himmel und Erde; doch nichts bewundere ich weniger als die Wunder der Religionen.

Was ich lernte? Von der Philosophie, mein Leben nicht mit Philosophie zu verbringen, und vom Leben, immer weniger vom Leben zu begreifen.

*

Meine Skepsis bewahrt mich davor, Fanatiker zu werden – wovor noch kein Glaube geschützt hat.

Am wenigsten widerstehen kann ich dem Zweifel. Ich bezweifle alles, selbst meinen Zweifel. Ich glaube wenig und auch das nicht ganz. Skepsis ist für mich keine der »schönen Künste«, sondern Teil meiner Existenz.

Lieber möchte ich in tausend Zweifeln sterben als um den Preis der Lüge in der Euphorie.[4]

*

Licht ist meine Lieblingsfarbe.

Am meisten unter allen Bäumen liebe ich die Pappel – den Baum, der jung aussieht, sagt Joubert, selbst wenn er alt ist.

Etwas ähnele ich dem Narren Marc Aurels, der im Winter nach frischen Feigen suchte – vielleicht meine grösste Torheit. Und vielleicht meine schönste.

Nie sah ich der Jugend weniger nach als in der Jugend, nie mehr als im Alter.

Illusionen: keine. Hoffnung: kaum noch. Pläne: immer mehr. Und Zeit: immer weniger.

Jede Stunde mehr eine weniger. Jedes Wort in den Sand geschrieben, doch man schreibt …

Immer seltener regt sich der Weltverbesserer in mir, immer häufiger der Weltverächter, und jedesmal von neuem erfülle ich – die »Forderung des Tages«.

Wie könnte ich glauben, es werde, früher oder später, besser, wenn ich bezweifle, dass es je besser wird – und doch mühte ich mich ein Leben lang, dass es besser werde, eher früher als später.

*

Mein Standort? Ich gehe vorüber.

Zu wissen, das Leben vergeht, ist etwas anderes, als es am eigenen Leib vergehen zu spüren.

Nie wollte ich im Alter anders sein als in all den Jahren zuvor, und jeder Tag zeigt mir, dass ich anders bin.

Ich verfolge noch das sogenannte Tagesgeschehen, entrüste mich immer weniger und ziehe mich immer mehr in mich selbst zurück. Ein paar Erinnerungen noch, Erinnerungen zum Vergessenwerden.

Mit sechsundsechzig begann ich plötzlich über mich im Präteritum zu schreiben, und schon über achtzig war ich, als ich zum erstenmal fürchtete, mich selber suchen zu müssen und nicht mehr zu finden.

Allmählich, nein plötzlich beginne ich mich als ein offenes Grab zu betrachten, als etwas, das einmal war, ein Stück Vergangenheit.

Heute, 84, fühle ich mich weniger abgeschlossen als irgendwann zuvor. Reif? Vollendet? Lächerlich. Je älter ich werde, je länger ich die Welt betrachte, desto zufälliger, bruchstückhafter erscheint mir alles, das Denken, das Leben, die ganze Geschichte.

*

Am liebsten hätte ich manchmal im Jahrhundert vor Adam und Eva gelebt.

Warum ergreift mich Canettis Satz so: »Es werden Vögel zärtlich singen, wenn die Menschen einander gänzlich ausgerottet haben«?

Ich liebe alles Absichtslose, Traurige, Vergebliche. Ich verabscheue alles, was smart, ganz sicher ist. Ich liebe Länder, nicht Nationen. Ich liebe Deutschland, nicht die Deutschen. Ich liebe Vogel-, Wolkenschwärme, windbewegte Weiten im Norden, kleine skandinavische Häfen im Herbst. Ich liebe Jütland, seine Heiden, Dämmerungen. Die Dämmerung ist lang in Dänemark, sagt Herman Bang. Dämmerung ist etwas Dänisches.

Farben sind für mich am schönsten, wenn sie einschlafen, wie skandinavische Dämmerungen im Herbst.

*

Seit meine Mutter tot ist, kam ich nie mehr ganz heim.

Meine Heimat? Ein paar Tote, gewisse Wälder und ungewisse Gedanken. Mein Jenseits? Die Landschaft; vom Baum vor mir bis zum Himmel darüber.

Am liebsten läge ich unter einem Windflüchter begraben (auf Hiddensee, zum Beispiel, nahe dem Leuchtturm).

Anmerkungen

1 Vgl. hierzu das wohl Beste aus Deschners satirischer Feder: »Unsere tägliche Illusion gib uns heute!«, sein Text zum Empfang des Alternativen Büchnerpreises in Darmstadt am 13. Juni 1993: www.deschner.info/de/person/ehrungen/buechnerpreis.pdf.

2 Im September 2015 verlautete aus Belgrad, dass die Erzdiözese Zagreb auf die Heiligsprechung ihres Märtyrer-Erzbischofs Alojzije Kardinal Stepinac (1898–1960) hinarbeite. Die zwielichtige Rolle auch dieses kroatischen Klerikers während des Massenmordes an serbisch-orthodoxen Christen zur Zeit der klerofaschistischen Ustascha 1941ff. in Kroatien deckte Karlheinz Deschner erstmals in *Mit Gott und den Faschisten* (1965) auf, erweitert im Kapitel »Katholische Schlachtfeste in Kroatien und das ›Reich Gottes‹« seiner neuzeitlichen Papstgeschichte (*Die Politik der Päpste,* zuletzt bei Alibri 2013). Nach Protesten aus der serbisch-orthodoxen Kirche und jüdischen Verbänden wurde die 2014 im Vatikan beschlossene Heiligsprechung von Kardinal Stepinac zwar vertagt, dessen Seligsprechung freilich war bereits am 3. Oktober 1998 durch Papst Johannes Paul II. in Marija Bistrica erfolgt. – Gleichfalls im September 2015 reiste Papst Franziskus nach seinem Kuba-Besuch allerdings in die USA, um dort Junípero Serra Ferrer (1713–1784) heiligzusprechen, ebenjenen fanatischen spanischen Franziskaner-Missionar, den der »Papst der Armen« als Schutzpatron der Lateinamerikaner und Evangelisierer des amerikanischen Westens würdigt und den die USA als »Zivilisator« Kaliforniens feiern. Die Indios jedoch beschuldigen ihn der Zerstörung ihrer Kultur und der Beteiligung am Tod von rund 60 000 Stammesbrüdern. Vgl. den Kommentar von Hubertus Mynarek im *Humanistischen Pressedienst* vom 22. September 2015 (http://hpd.de/artikel/12196) und den Essay von Gabriele Röwer »Franziskus – ›Papst der Armen‹? Überlegungen zu kirchlichen und ausserkirchlichen Hintergründen einer Papstwahl« in den *Materialien und Informationen zur Zeit* 2/2013: www.miz-online.de/node/394.

3 Vgl. Karlheinz Deschners fast 100 Seiten umfassenden Essay »Warum ich Agnostiker bin« in dem von ihm herausgegebenen Sammelband *Warum ich Christ/Atheist/Agnostiker bin,* Kiepenheuer & Witsch 1977, S. 143.

4 Im Beiheft zum 9. Band der *Kriminalgeschichte des Christentums* (*KdC,* S. 19) stellt Deschner klar: »So lese man auch meinen, oft verkürzt zitierten, Aphorismus nicht gegen den Strich: ›Von Zweifel zu Zweifel, ohne zu verzweifeln. Im Grunde bin ich ein aus lauter Zweifeln bestehender gläubiger Mensch.‹ Denn woran ›glaube‹ ich? Je älter ich werde, desto mehr glaube ich, dass die kleinste Hilfe oft mehr taugt als der grösste Gedanke. Und: ›Ich glaube an den Triumph des Unkrauts über die Chemie.‹ Somit glaube ich, mit allem, was ist, einbezogen zu sein in den ewigen Kreislauf von Werden und Vergehen.« Auch online zu lesen im Beiheft zu Band 10 der *KdC,* S. 62: www.rowohlt.de/fm/634/Deschner_zu_Band_10.pdf.

Nachwort

Anonym wie der Wind oder Illusionen keine: Diesen Arbeitstitel, besonders für seine späten Jahre bezeichnend, hatte Karlheinz Deschner (1924–2014) für die vorliegende Sammlung alter und neuer Aphorismen, eine »Auswahl letzter Hand«, zunächst gewählt. Seinen langgehegten Wunsch indes, den Band noch selbst abzuschliessen, konnte er sich aus Altersgründen nicht mehr erfüllen. So sichtete ich in seinem Auftrag das umfangreiche nachgelassene Konvolut und verband das ihm Wichtigste daraus mit seinen Favoriten aus den früheren Aphorismenbänden (*Nur Lebendiges schwimmt gegen den Strom,* Lenos 1985; *Ärgernisse,* Rowohlt 1994; *Mörder machen Geschichte,* Lenos 2003). Die in allen drei Büchern wiederkehrenden Themenbereiche wurden beibehalten.

»Aufklärung ist Ärgernis; wer die Welt erhellt, macht ihren Dreck deutlicher.«

Der die Website Deschners eröffnende, wohl meistzitierte seiner Aphorismen spiegelt wie in einem Brennglas sein Ureigenes, den geistigen und ethischen Impetus seines Gesamtwerks, gerichtet gegen Lüge und Gewalt. Spürbar ist dieses »Ärgernis« wie in seiner Aphoristik, so in jedem der über fünfzig, teilweise in bisher zwölf Weltsprachen übersetzten Bücher seines belletristischen, literatur- und kirchenkritischen Œuvre

Die Aphoristik war in den letzten drei Jahrzehnten seines Lebens Deschners bevorzugte literarische Gattung. Kaum eine bessere Erholung von seinen kräftezehrenden kirchenkritischen Arbeiten gab es für ihn als das Lesen und Schreiben von Aphorismen, hier fühlte er sich Geistverwandten, zumal der Vergangenheit, besonders verbunden, Lichtenberg, Nietzsche, Kraus voran – kongenial ihnen im deutschen Sprachraum als »*der* Aphoristiker des zwanzigsten Jahrhunderts«, so der Philosoph und Nietzsche-Forscher Hermann Josef Schmidt. Denn vor allem in dieser Gattung konnte er seine Freude an, oft ironisch grundierter, Gedankenschärfe wie an Metaphorik, Klang und Rhythmus der Sprache, auch in seinem übrigen Werk vielfach gerühmt, ausleben. »Es sind echte Perlen, ja Kronjuwelen darunter«, urteilt Hubertus Mynarek, Kritiker der Kirche wie Deschner, »Sprüche von einer Eleganz der Formulierung, von einer prägnanten Kürze und treffsicheren Pointierung, die ihresgleichen im ganzen aphoristischen Blätterwald der Gegenwart suchen.«

Im Aphorismus – »der Versuch, schon den Ton als Konzert auszugeben« – komprimiert Deschner das rationale und emotionale Substrat seiner übrigen Werke, nicht explikativ wie in den Sachbüchern, in seiner Belletristik (früh schon in dem vielbeachteten, gnadenlos selbst- und gesellschaftskritischen Roman von 1956 *Die Nacht steht um mein Haus*) oder in der instruktiven Schrift *Was ich denke* (1994), sondern, dieser Gattung entsprechend, pointiert, oft sarkastisch überspitzt, verallgemeinernd auch und, besonders im ersten Kapitel dieser Sammlung, zwiespältig: »Was nicht paradox ist, ist ungenau.«

*

Geist und Kunst
So unverzichtbar für ihn das Ärgernis der »Aufklärung«, welche hinter die Kulissen blickt, demaskierend, desillusionierend, den schönen Schein entlarvend, tradierte, bequem-verlogene, nur allzuoft brandgefährliche Denkschablonen in Kirche und Gesellschaft hinterfragend, Voraussetzung von Wahrhaftigkeit und Gerechtigkeit in allen Lebensbereichen, so bewusst ist Deschner zugleich, dass Geist auch einsam macht, abschnürt vom lebendigen Leben: »Mehr wissen heisst trauriger sein.« Zudem wärmt Geist nicht: »Doch die Welt zu erwärmen ist wichtiger noch, als sie zu erleuchten.« Schliesslich ist »das, was wir Erkenntnis nennen, ... nur ein Aufblitzen in ewiger Nacht«.

Ähnlich ambivalent sind seine Gedanken über Kunst und Kultur. Einerseits ist ihm »Dichtung – Gedankenmusik«, grosse Kunst ein »Protest gegen das, was ist, Beschwörung dessen, was sein könnte«; sie spendet, wenn trostlos, »den Trost der Wahrhaftigkeit«. Zumeist aber erscheint ihm Kultur als »der dünne Firnis auf der Fratze unsrer Barbarei«, »etwas für schöngeistige Beiseiteseher«, »eine Art Opium für Anspruchsvolle«. Er geisselt den »mediengeile[n] Literatentanz, indes Millionen Leben elend untergehn«, stets scharf unterscheidend zwischen *überschätzter,* dem Zeitgeist unterworfener, sprachlich allenfalls mediokrer Literatur und den wirklich grossen, viel zu oft *unterschätzten* sprachlichen Kunstwerken eines Musil, Broch oder Jahnn.*

Mensch und Leben

In die hoffnungsfrohe Hochschätzung der positiven menschlichen Potentiale durch den europäischen Humanismus, die Aufklärung und deren Nachfolger bis in die Gegenwart vermochte Deschner angesichts immer desaströserer Entwicklungen auf unserem Globus nicht einzustimmen. Ein Beispiel: Trotz persönlicher Verbundenheit mit den Vertretern der Giordano-Bruno-Stiftung (GBS), besonders mit deren Gründer Herbert Steffen, der sein Opus magnum, die zehnbändige *Kriminalgeschichte des Christentums* (*KdC,* Rowohlt 1986–2013), grosszügig unterstützte, verwehrten ihm Skepsis und (Selbst-)Zweifel, in den er »hineinwuchs wie in eine zweite Haut«, einen inneren Zugang zum Optimismus der »evolutionären Humanisten«. Ihn lehrte das gründliche Studium der Geschichte, gerade des zwanzigsten Jahrhunderts: »Das Raubtier im Menschen macht Fortschritte als Ver-

* Vgl. seine drei Literaturkritiken, von denen die erste, *Kitsch, Konvention und Kunst* von 1957, besonders Furore machte: »Kunst spart aus; Kitsch verstopft die Seele.«

kleidungskünstler.« Er schlussfolgert: »Selektiv gesehen lässt sich dieser Welt viel abgewinnen, die als Ganzes eine Katastrophe ist.« Und dennoch: »Ohne jene, die die Welt verbessern wollten, doch nicht konnten, wäre die Welt noch schlechter.« Da niemand wisse, »wozu wir geboren sind«, habe das Leben nur den Sinn, »den wir ihm geben« – gebunden freilich, so Deschner, an ein unendlich komplexes genetisch-biographisches und soziokulturelles Bedingungsgeflecht: »Frei ist, wer von nichts und niemand abhängt: keiner.«

Deschner war nicht jener verbitterte Lebens- und Menschenverächter, den manche in ihm zu sehen glaubten, im Gegenteil: Ich lernte keinen Menschen kennen mit einer solchen Lebensliebe (»Besondere Tage: JEDER.« – »Atmen beweist mehr als alle Philosophie.« – »Schönste Lebenskunst, schwerste: altern ohne alt zu sein.« – »Licht ist meine Lieblingsfarbe.« – man spüre nur die »panhafte Sprachmusik«* in den landschaftspoetischen Essays *Dornröschenträume und Stallgeruch – Über Franken, die Landschaft meines Lebens,* Knesebeck & Schuler 1989), keinen aber auch mit einer solchen Fähigkeit, auch darin Schopenhauer nah, das lebensverdüsternde Leid von Menschen – und Tieren! – mitzuempfinden, keinen zugleich – wahrhaftig wie nur einer! – mit einer solchen Unfähigkeit, Leid und Elend zu verdrängen, sich und anderen etwas vorzumachen, vorzulügen, nur

* So der fränkische Autor Günter Haas in der *Frankfurter Rundschau* vom 16. Mai 1989.

um selbst leichter zu leben: »Tun ist oft antun, Nichtstun ist es immer.« – »Man wird kaum älter, ohne trauriger zu werden, wenn man ein Gewissen hat.« … traurigerer zugleich angesichts der Vergänglichkeit von allem: »Curriculum vitae – erleben, erinnern, vergessen, vergessenwerden.«

Geschichte und Politik

Weithin bekannt ist Deschners Diktum: »Wer Weltgeschichte nicht als Kriminalgeschichte schreibt, ist ihr Komplize.« Seine Skepsis gegenüber Mensch und Leben resultiert zu einem beträchtlichen Teil aus seinem Hauptmetier, dem kritischen Studium der Geschichte – »… das ewige Hinundher zwischen Furor und Farce« – und der Geschichtsschreibung: »*Curriculum historiae.* Einige ruinieren, die meisten werden ruiniert, zusammen stürzt alles, versinkt – der Weg der Geschlechter, der Weg der Geschichte, der grosse Triumphzug des Elends und der Lüge durch die Epochen, am schönsten gespiegelt, am edelsten, von der Heiligen-, der Heldenlegende. Und von der Historiographie.«

Fortschritt? Deschner verneint: »Vom Kopfjäger zum Gehirnwäscher, vom Faustrohr zur Rakete, von Friedensschluss zu Friedensschluss …« Das probateste Mittel zum Machterhalt wie eh und je: »Auf hohlen Köpfen ist gut trommeln.« – nur die Akteure wechseln: »Europa? Amerika ist überall.« Deschner demonstrierte den *American way of history* in seinem Buch *Der Moloch. Eine* *kritische Geschichte der USA**. Die meisten Politiker auch hierzulande sind ihm suspekt: »Accessoire von Industrie und Banken«. Demokratie im Wortsinn werde verhindert, wenn zum Beispiel »für viele möglichst wenig und für wenige möglichst viel« getan wird. Er fordert Widerstand: »Nur Lebendiges schwimmt gegen den Strom.«

Gesellschaft, Recht, Natur

Im Mittelpunkt dieses Kapitels steht Deschners von seinen Gegnern als einseitig gescholtene Parteinahme für die Schwächsten, die Opfer der Macht jeder Couleur, Antrieb seines gesamten Schaffens.** In *Was ich denke* (1994) heisst es: »Nun, wenn's denn schon ein Bekenntnis, ein klares, ungebrochenes, sein muss – mein ganzes Leben stand ich, mit ganzem Kopf, mit ganzem Herzen, auf einer Seite, ohne jedes Wenn und Aber, ohne jeden Zweifel, der doch sonst so zu mir gehört (...): Mein ganzes Leben stand ich auf Seiten der Erniedrigten und Beleidigten. Und keinen Augenblick auf der des Gegenteils.« – Er bekennt: »Einziger Grund, warum ich kein Kommunist bin: die Kommunisten. Der Grund, warum ich kein Christ bin: das Christentum.«

Das Leben von Mensch und Natur sieht er weltweit gefährdet vor allem durch Gleichgültigkeit – »Gleich-

* Erstauflage: Weitbrecht 1992. Eine aktualisierte Neuauflage dieses wie schon anderer vergriffener Werke des Autors wird die Reihe *Deschner Edition* des Aschaffenburger Verlags Alibri publizieren.

** Vgl. hierzu die ausführliche Einleitung zur *KdC*.

gültigkeit heisst unablässig morden.« – und, angetrieben von unersättlicher Habgier, durch das stete Wachstum der Wirtschaft ohne Rücksicht auf Verluste: rasanter Abbau des Sozialstaats, angeblich zum Wohle aller, faktisch indes (oft gegen Recht und Gesetz, nicht selten unter deren Deckmantel gar) zur schamlosen Bereicherung der eh schon Superreichen weltweit. »Wohin du schaust: Überflüssiges statt Notwendiges. Luxus und Waffen. Absatz und Umsatz. Und während die einen verhungern, sind die andern schon satt, bevor sie zu essen beginnen. (Dass es immer so war, macht es dies besser?)« Begleitet und forciert sieht er diese verheerende Entwicklung durch »Verameisung: ein Ausmass an Entseelung, das der Beschreibung spottet« im Gefolge eines rasanten technischen Fortschritts: »Die Zeit ist explosiv, der Mensch stürmt in Detonationen voran, die Welt stinkt zum Himmel und noch ihr letzter Schrei wird dem Segen der Technik gelten, womit sie zur Hölle fährt.«

Deschners Refugium war die Natur, zuweilen fast hymnisch besungen in seinen Frankenbüchern, in den beiden frühen Romanen – Italien etwa, das Land seiner Sehnsucht, in *Florenz ohne Sonne* (1957) – oder in seiner Rede *Musik des Vergessens** zum hundertsten Geburtstag Hans Henny Jahnns 1994 mit Bezug auf dessen Bornholmer Exil. Um so grösser war seine Sorge um unsere natürlichen Lebensgrundlagen: »Weil wir immer mehr

* ASKU-Presse 2003.

vergessen, dass die Welt allen, auch den Tieren und Pflanzen, gehört, wird sie bald keinem mehr gehören.«

Könnte er noch einmal leben, so Deschner – in seiner Jugend selbst Jäger, gefangen im Brauchtum der Steigerwälder Heimat –, würde er seine gesamte Kraft für den Schutz der Tiere einsetzen, der geschundensten Wesen von allen: »Wer die Kirche verlässt: ein Lichtblick für mich; wer kein Tier mehr isst: mein Bruder.« Die Qualen, die Menschen den Tieren zufügen – von der industrialisierten Massentierhaltung bis zu unsäglichen Tierversuchen –, gelten ihm als »Das schwärzeste aller Verbrechen«, so der Untertitel seiner Schrift *Für einen Bissen Fleisch*[*].

Religion und Klerus

Immer wieder, auch nach dem Tode Deschners am 8. April 2014,[**] bedauerte man seinen weitgehenden Rückzug von der Literatur Anfang der 1960er Jahre. Doch »der Dichter muss auch leben«, so Willi Winkler. Seine »gewaltige Sprachkraft« widmete er daher, wie zuvor der Entlarvung des »Unechten« in der Kunst, so nun jener des »Unrechten« in der blutigen Geschichte der Kirche, zumal der katholischen, eine durch klerikale Potentaten seit zwei Jahrtausenden nahezu ausnahmslose Pervertierung der Ideale des synoptischen Jesus, voran Armut und Frieden, in ihr krasses Gegen-

* ASKU-Presse 1998.

** Siehe die Nachrufe unter »Resonanz« auf www.deschner.info.

teil: »Frei nach *Faust II:* Kirche, Krieg und Kapital, dreieinig sind sie allemal.« Trotz löblicher Ausnahmen interessiert Deschner primär die Politik bestimmende Regel: eine endlose Kette der Grausamkeiten gegen alles, was der Machtgier christlicher, zumal klerikaler, voran kurialer Herrscher im Wege stand: »Es muss ein eigentümliches Vergnügen sein, von Jahrhundert zu Jahrhundert im Blut der Menschen zu schwimmen und Halleluja zu rufen!«

Deschner beginnt mit der Demaskierung des Christentums in *Abermals krähte der Hahn**: welch bezeichnender Titel für diese fulminante, die Ergebnisse der historisch-kritischen Forschung moderner, auch katholischer Theologen akribisch auswertende und interessierten Laien erstmals vermittelte Kritik der Glaubens- und Dogmengrundlagen des Christentums (später fortgesetzt u. a. in *Der gefälschte Glaube*) und dessen damals nur skizzierter Verbrechensgeschichte bis heute; ein beinah ausnahmsloser Verrat an der von den selbsternannten »Stellvertretern Gottes« (bzw. »Christi«) vielbeschworenen urchristlichen Ethik – horrende »Heuchelei im Heiligenschein«! 1965 folgt *Mit Gott und den Faschisten:* eine epochale Abrechnung mit der damals zumeist noch verschwiegenen Kooperation zwischen Vatikan und europäischem Faschismus.** Das mündet schliesslich, 1974

* *Eine kritische Kirchengeschichte von den Anfängen bis zu Pius XII.* Erstauflage: H. E. Günther 1962. Neuauflage: Alibri 2015 [= *Hahn*].

** Erweitert in: *Die Politik der Päpste. Vom Niedergang kurialer Macht im*

ergänzt durch seine Kritik kirchlicher Sexualmoral,* in sein Opus magnum, die bei Rowohlt seit 1986 erschienene zehnbändige, rund 6000 Seiten mit nahezu 100 000 Quellenbelegen umfassende *Kriminalgeschichte des Christentums* – »Religion der Frohen Botschaft mit der Kriegsbemalung«. Winkler nennt dieses Werk »das grösste Strafgericht, das je über die einst mächtigste Institution der Welt gehalten wurde«. Deschners ursprüngliche Intention zielte gar auf »eine der grössten Anklagen ..., die je ein Mensch gegen die Geschichte des Menschen erhoben hat«.**

Bemühungen »progressiver« Christen um eine Reform ihrer Kirche – »... die Inszenierung etwas ändern, um das Repertoire zu retten« – hält Deschner für irreal, ebenso ihre Flucht ins Kerygma, in den Glauben der Urgemeinde, schon wegen der im *Hahn* 1962 aufgezeigten jüdisch-hellenistischen Quellen der gesamten Glaubensbasis der späteren Kirche. Hinzu kommt die labyrinthische Redaktionsgeschichte ihrer Aufzeichnung, begonnen erst Jahrzehnte nach dem (um das Jahr 30 vermuteten) Tod des Jesus von Nazareth, dessen Historizität zudem nicht nachweisbar ist: »Vom periphersten

19. Jahrhundert bis zu deren Wiedererstarken im Zeitalter der Weltkriege. Neuauflage: Alibri 2013.

* *Das Kreuz mit der Kirche. Eine Sexualgeschichte des Christentums.* Erstauflage: Econ 1974.

** Vgl. das Exposé zur *KdC*, 1970 an Hermann Gieselbusch gesandt, seinen ihn über vierzig Jahre lang umsichtig begleitenden Lektor bei Rowohlt.

Brauch bis zum zentralsten Dogma, vom Weihnachtsfest zur Himmelfahrt: lauter Plagiate.« Er ist überzeugt: »Es gäbe wenig Gläubige auf der Welt, kennten sie ihre Glaubensgeschichte so gut wie ihr Glaubensbekenntnis.«

Deschners *Kritik der Kirche* fand sehr viel mehr Beachtung als seine bereits während der Schulzeit durch die Lektüre von Kant, Schopenhauer und Nietzsche fundierte *Kritik der Religion.* Wie wichtig auch sie ihm zeitlebens war, erhellt nicht zuletzt aus der Fülle von Aphorismen zu diesem Thema wie aus seinem umfangreichen Essay »Warum ich Agnostiker bin«*.

Seine Skepsis gilt allen Religionen, besonders den institutionalisierten, voran den jeweils Alleingültigkeit beanspruchenden Offenbarungsreligionen: »Aller Monotheismus hat etwas Chauvinistisches.« – Ökumene de facto irreal. Er fragt, aktueller denn je: »Hat eigentlich die Skepsis auf die Schlachtfelder geführt oder der Glaube?« – oder mit den Worten des religionskritischen Philosophen Robert Mächler, engagiertester Mittler von Deschners Werk in der Schweiz: »Solange die Menschheit eine Religionsgeschichte hat, hat sie eine Kriegsgeschichte.«**

Ausserdem folge – im scharfen Kontrast zur Vorstellung einer Gleichwertigkeit allen Lebens zumal im

* In: *Warum ich Christ/Atheist/Agnostiker bin.* Kiepenheuer & Witsch 1977. Nachdruck in: *Oben ohne. Für einen götterlosen Himmel und eine priesterfreie Welt.* Rowohlt 1997.

** Vgl. Karlheinz Deschner/Milan Petrović. *Krieg der Religionen. Der ewige Kreuzzug auf dem Balkan.* Heyne 1999.

(alt-)asiatischen Monismus – aus dem Dualismus der monotheistischen Religionen mit seiner hierarchisierenden Unterscheidung zwischen einem gottebenbildlichen menschlichen Geist und der ihm untergebenen Natur jener verhängnisvolle Schöpfungsbefehl, der für Deschner, entgegen allen Schönrednern, »das umfassendste Unterjochungs- und Todesverdikt der Geschichte« ist, »infernalischer Auftakt der Deformierung eines Sterns zum Schlachthaus«.

Nicht nur aus ethischen, auch aus erkenntnistheoretischen Gründen – »Die Grenze unseres Denkens setzt unser Hirn.« – kritisierte Deschner schon früh Religionen und Ideologien mit sakrosanktem Wahrheitsanspruch: »Mehr als Wahrscheinlichkeiten … erwarte ich nicht.« – »Wenig lernte ich im Lauf des Lebens so begreifen wie die Unbegreiflichkeit des Ganzen.« Als Radikalagnostiker ohne jedes metaphysische Hintertürchen, skeptisch gegenüber jeder, auch atheistischer, Apodiktik, lässt er, mit Goethe schweigend vor dem Unfasslichen, die »letzten Fragen« offen: »›… der gestirnte Himmel über mir …‹ – Doch ist das Erschrekken Pascals über ›das ewige Schweigen dieser unendlichen Räume‹ nicht plausibler?«

Mit Feuerbach und anderen hält Deschner – »Nichts in meinem Leben fehlt mir weniger als Gott.« – Gottesbilder für eine Projektion des Menschen zur Bewältigung des Skandalons seiner Endlichkeit: »Der eigentliche Schöpfer einer Religion ist der Selbsterhaltungstrieb.«

Sein einziger »Glaube« besteht in der Überzeugung, »mit allem, was ist, einbezogen zu sein in den ewigen Kreislauf von Werden und Vergehen«*. Zwar ficht auch ihn an, oft von ihm zitiert, »dass alles gleitet und vorüberrinnt« (Hofmannsthal). Dennoch wollte er, zeitlebens für Wahrhaftigkeit streitend, »lieber … in tausend Zweifeln sterben als um den Preis der Lüge in der Euphorie«. Und er warnt angesichts beliebter Geschichten von späten Bekehrungen: »Sollte man einst solche abscheulichen Gerüchte über mich verbreiten, möge man kein Wort davon glauben, weil sie erstunken und erlogen sind.«**

Über mich selbst

Der Grundtenor im Schlusskapitel von Deschners Aphorismenbänden seit 1985 ist stets derselbe, pointiert in Sätzen wie diesem: »Blosser Verstand lässt mich kalt. Aber jedes Zeichen von Güte berührt, überwältigt mich und macht mir das Leben noch lebenswert.« Alles verabscheuend, »was smart, ganz sicher ist«, mischt sich in die Empörung gegen Gewalt und Ungerechtigkeit – »Mein Schreibtisch – Cordon sanitaire. Und Angriffsbasis. Ich lebte, um zu schreiben, und schrieb, um zu leben.« – mit den Jahren freilich auch Resignation: »Je älter ich werde, je länger ich die Welt betrachte, desto zufälliger, bruchstückhafter erscheint mir alles, das Denken, das Leben,

* www.rowohlt.de/fm/634/Deschner_zu_Band_10.pdf, Beiheft zu Band 10 der *KdC*, S. 62.

** *Was ich denke.* Goldmann 1994, S. 92.

die ganze Geschichte.« Dennoch bekennt er: »Mein ganzes Leben sägte ich an dem Ast, auf dem ich hätte sitzen können. Und wenn ich könnte, ich täte es noch einmal.« Dann aber mit mehr Zeit für Oasen der Entspannung – mit Verwandten und Freunden, den geliebten Tieren in den »windbewegten Weiten« von Inseln im nördlichen Meer –, durch die Musik Anton Bruckners, »die Sprache, mit der ich zu mir selbst am liebsten spreche, weil sie, was unsagbar und doch nicht zu verschweigen ist, für mich am schönsten sagt«.

*

Das starke Echo auf die in einem Nachruf als »unbeschreibbar gut« gewürdigte Aphoristik dieses »grundgelehrten Dichters« (Winkler) spiegelt sich auch in der medialen Präsenz dieser sprachmächtigen Quintessenz seines belletristischen und kritischen Gesamtwerks: etwa in etlichen grossen Tages- und Wochenzeitungen (u. a. *Süddeutsche Zeitung, Frankfurter Rundschau, Die Welt, Der Spiegel*), auf Abreisskalendern, in Anthologien. Für ihr Gewicht spricht nicht zuletzt, dass im *Duden*-Band *Zitate und Aussprüche* (2008) Deschner als der mit sechsunddreissig Aphorismen meistzitierte namhafte deutsche Autor der Gegenwart vertreten ist.

Dennoch: Wie an seinem Gesamtwerk scheiden sich auch an seinen Aphorismen die Geister. Ihr schärfster Kritiker, Joachim Kahl, sprach ihm 2004 in toto aufklärerische und literarische Leistung ebenso ab wie menschlich-ethische Integrität.* In einem offenen Brief an den einstigen geistigen Weggefährten Deschners versuchte ich 2006, auch im Kontext gleichlautender oder noch sehr viel schärferer Sentenzen namhafter Vertreter des europäischen Geisteslebens aus Vergangenheit und Gegenwart, ergänzt durch eine Auswahl jener Aphorismen, welche die von Kahl ignorierten positiven Intentionen Deschners erhellen, dessen Herabwürdigung zu entkräften.**

Gegenüber aller Kritik an seiner skeptischen Weltsicht gilt für Deschner wie für Tucholsky, Brecht u. a.: Auch der schärfste Kritiker ist zumeist ein »beleidigter Idealist«, er will die Welt gut haben und sie ist schlecht, nun schreibt er dagegen an, um des möglichen Besseren willen: »Wie könnte ich glauben, es werde, früher oder später, besser, wenn ich bezweifle, dass es je besser wird – und doch mühte ich mich ein Leben lang, dass es besser werde, eher früher als später.«

Die Resonanz Tausender Leser auf Deschners Bücher spricht für sich: diese hätten sie freier gemacht, befreit von einem »Korsett im Kopf«, »sie geistig leichter leben, ja, überhaupt erst leben lassen«, heisst es so und ähnlich.***

* www.gkpn.de/kahl_deschner.pdf.

** www.deschner.info/de/person/leseproberoewer.pdf.

*** Vgl. die von Bärbel und Katja Deschner herausgegebene Briefauswahl *»Sie Oberteufel!«*. Rasch und Röhring 1992.

»Ich bin nie müde geworden«, so Karlheinz Deschner im hohen Alter mit den Worten des ihm sonst denkbar fremden Konfutse, »zu lernen, um andere zu lehren, was ich gelernt habe. Dies sind meine einzigen Verdienste.« Angesichts aktuell erneuter Bedrohung unabsehbaren Ausmasses von Frieden und Freiheit durch (zumal religiös) fanatisierte Ideologen kommt einem wesentlichen Resultat seines (vor allem religions- und kirchenkritischen) Lernens und Lehrens besondere Bedeutung zu: »Illusionen müssen sterben, damit Menschen leben können.« – begleitet von Hoffnung, trotz allem: »Die Herrschaft der Vernunft, wenn es sie je gäbe, machte die Welt nicht zum Paradies, aber bewahrte sie davor, die Hölle zu sein.«

Gabriele Röwer

Kurzbiographie

Karlheinz Deschner, geboren 1924, studierte Neue deutsche Literaturwissenschaft, Philosophie und Geschichte an der Universität Würzburg. 1951 promovierte er mit einer Arbeit über Nikolaus Lenau. Nach der Publikation zweier autobiographischer Romane und der vielbeachteten Literaturkritik *Kitsch, Konvention und Kunst* erschien 1962 *Abermals krähte der Hahn* – »eine kritische Kirchengeschichte von den Evangelisten bis zu den Faschisten«. Seitdem hat Deschner Essays, auch landschaftspoetische über seine fränkische Heimat, Aphorismen, vor allem aber religions- und kirchenkritische Geschichtswerke veröffentlicht. Seine zehnbändige *Kriminalgeschichte des Christentums* (Rowohlt) liegt seit März 2013 vollständig vor. Im Alibri Verlag erscheint eine Deschner-Edition, als deren erster Band im September 2013 *Die Politik der Päpste* neu aufgelegt wurde, 2015 folgte *Abermals krähte der Hahn,* 2016 das erzählerische Frühwerk.

Für sein aufklärerisches Engagement und literarisches Schaffen, dokumentiert in fünfzig, teils mehrfach übersetzten Büchern, wurde er vielfach ausgezeichnet, u. a. mit dem Arno-Schmidt-Preis (1988), dem Alternativen Büchnerpreis (1993) sowie als erster Deutscher mit dem International Humanist Award (1993). 2006 erhielt er den Premio letterario Giordano Bruno, Mailand, im selben Jahr wurde er als auswärtiges Mitglied in die Serbische Akademie der Künste gewählt. Der 2004 zu seinem achtzigsten Geburtstag durch die Giordano Bruno Stiftung ins Leben gerufene Deschner-Preis wurde 2007 dem britischen Evolutionstheoretiker und Religionskritiker Richard Dawkins verliehen, 2016 dem Blogger Raif Badawi, dem mutigen saudi-arabischen Kämpfer für Säkularismus, Liberalismus und Menschenrechte.

Karlheinz Deschner starb am 8. April 2014.

Weitere Informationen zum Autor unter www.deschner.info.